Mac Kauka

La Force Dans L'épreuve

Comment j'ai surmonté les défis et transformer ma vie

© 2023, Mac Kauka
Édition : BoD - Books on Demand, info@bod.fr
Impression : BoD – Books on Demand,
In de Tarpen 42, Norderstedt (Allemagne)
Impression à la demande
ISBN : 978-2-3224-8535-2
Dépôt légal : Juillet 2023

Sommaire

Préface : 9

Chapitre 1. Les pensées qui nous guident 17

- L'impact des pensées sur nos émotions et nos actions.. 17
- L'importance de cultiver des pensées positives 21
- Mon propre voyage vers la transformation des pensées limitantes 23

Chapitre 2. Cultiver la gratitude au quotidien 25

- Les bienfaits de la gratitude dans notre vie . 25
- Des exercices pratiques pour cultiver la gratitude... 29
- Une anecdote personnelle sur la façon dont la gratitude a changé ma perspective 31

Chapitre 3. La puissance de la réflexion personnelle 33

- Prendre le temps de se connaître soi-même 36
- L'art du journaling et de l'introspection 38
- Comment la réflexion personnelle m'a aidé à prendre des décisions importantes dans ma vie 41

Chapitre 4. Fixer des objectifs qui nous inspirent 43

- L'importance de définir des objectifs clairs et motivants 47
- Des stratégies pour suivre nos progrès et rester motivé 49
- Une histoire inspirante de réalisation d'un objectif personnel 51

Chapitre 5. Les relations qui nous nourrissent 54

- L'impact de nos relations sur notre bien-être 56
- Cultiver des relations positives et authentiques 59
- Une expérience personnelle de l'importance des liens positifs dans ma vie 61

Chapitre 6. Prendre soin de soi : corps, esprit et âme 63
- L'équilibre entre le bien-être physique, mental et spirituel 67
- Des pratiques d'auto-soin pour se ressourcer 69
- Comment j'ai appris à prendre soin de moi-même après une période de surmenage 71

Chapitre 7. Gérer notre temps pour une vie épanouissante 73
- Les pièges de la procrastination et de la surcharge 75
- Des conseils pratiques pour une gestion efficace du temps 77
- Une anecdote sur la façon dont j'ai transformé ma relation avec le temps 79

Chapitre 8. L'apprentissage continu : une croissance sans fin 81
- L'importance de l'apprentissage tout au long de la vie 81

Chapitre 9 : La simplicité et le minimalisme : Trouver la liberté dans le pure 97
- Comprendre les principes de la simplicité et du minimalisme 97
- Les bénéfices d'une vie simple et épurée 101

Chapitre 10 : L'épanouissement à travers le service aux autres 103

- Trouver des moyens concrets de servir les autres 105

Annexe 1 111

La gestion du stress et des émotions 111

Annexe 2 113

Les croyances limitantes et leur impact sur votre réalité 113

Ce sommaire reflète ma vision personnelle et mes expériences dans ma quête d'amélioration personnelle. Je souhaite vous guider de manière intime et émotionnelle, en partageant des anecdotes et des réflexions personnelles tout au long du livre.

Ensemble, nous explorerons les pensées, la gratitude, la réflexion, les objectifs, les relations, le soin de soi, la gestion du temps et l'apprentissage continu, dans le but de créer une vie épanouissante et inspirante.

Préparez-vous à être guidé par mes histoires, mes émotions et ma passion pour vous aider à aller mieux chaque nouveau jour.

Préface :

Cher lecteur,

Il y a des moments dans la vie où nous sommes confrontés à des épreuves qui semblent insurmontables. Des moments où les défis nous submergent et où nous sommes tentés de baisser les bras. Pourtant, au plus profond de nous, il y a une force inébranlable qui nous pousse à nous relever, à lutter et à reprendre notre vie en main.

C'est cette force, cette capacité à résister face à l'adversité, que je souhaite partager avec vous dans les pages de ce livre. Mon voyage à travers les épreuves a été une véritable leçon de vie, un parcours qui m'a permis de découvrir des réserves de courage, de persévérance et de résilience dont je ne soupçonnais pas l'existence.

Dans ces pages, vous trouverez des récits sincères et authentiques de moments où j'ai dû faire face à des obstacles apparemment insurmontables. Des moments où le découragement et la douleur semblaient l'emporter sur l'espoir. Mais c'est précisément dans ces moments que j'ai découvert une force intérieure qui m'a poussé à me relever, à lutter et à avancer.

Mon intention est de vous inspirer et de vous montrer que les épreuves peuvent être des catalyseurs pour une transformation personnelle profonde. Nous avons tous le pouvoir de transformer nos difficultés en opportunités, nos échecs en leçons, et nos douleurs en une source de croissance et de guérison.

Au fil de ces pages, je partagerai les leçons précieuses que j'ai apprises lors de mon propre voyage. Des leçons sur la résilience, la gratitude, la confiance en soi, la compassion et la capacité à puiser dans nos ressources intérieures pour trouver la force de nous relever encore et encore.

Je vous invite à vous plonger dans ce récit avec un esprit ouvert et un cœur prêt à accueillir les enseignements que la vie m'a offerts. Puissent ces mots être une source d'inspiration et d'espoir, un rappel que nous sommes tous capables de surmonter les épreuves qui se dressent sur notre chemin.

Que cette lecture vous encourage à embrasser la force des épreuves, à les voir comme des opportunités de croissance et de transformation. Et surtout, puissiez-vous trouver la confiance nécessaire pour reprendre votre vie en main et vous épanouir pleinement, peu importe les défis qui se présentent à vous.

Avec amour et détermination,

Nous vivons dans une matrice

Dans les premières pages de ce livre, je vais d'abord souligner le fait que ce n'est pas par hasard si nous pensons et réagissons d'une certaine manière.

Il y'a en effet un conditionnement. Je ne vais bien entendu pas rejeter les conséquences de mes déboires sur qui que ce soit ni sur aucun système car j'y ai certes joué une grosse part, mais je tiens à aborder le fait que nous vivons dans une matrice qui alimente nos modes de pensées tout en dictant les frontières de notre champs de faisabilité.

Nous plongeons ainsi au cœur de l'illusion de la Matrice et explorons la nature même de notre réalité conditionnée. Il est essentiel de prendre conscience que ce que nous considérons comme "réel" est souvent le résultat de constructions sociales, de conditionnements et de limites perceptuelles.

L'illusion de la Matrice réside dans le fait que nous percevons le monde à travers un prisme déformé. Notre réalité est filtrée par des influences extérieures telles que la société, la culture, les médias et les systèmes de croyances qui nous entourent.

Ces facteurs invisibles exercent un pouvoir considérable sur notre perception du monde et peuvent nous maintenir dans des schémas de pensée limitants.

En comprenant les mécanismes profonds de la Matrice, nous réalisons que notre vision du monde est souvent basée sur des archétypes et des matrices de pensée prédominants.

Ces schémas de pensée sont transmis à travers les générations, façonnant nos croyances, nos attentes et nos comportements. Ils créent des limites artificielles qui nous empêchent de vivre pleinement et d'explorer notre véritable potentiel.

Il est également crucial de prendre conscience des distorsions de la perception qui obscurcissent notre compréhension de la réalité.

Nos propres illusions de l'ego, nos biais cognitifs et nos préjugés influencent notre manière d'interpréter les événements et les informations qui nous parviennent.

De plus, l'avènement de la réalité virtuelle et de l'intelligence artificielle introduit de nouvelles couches d'illusions dans notre réalité, rendant encore plus difficile de discerner la vérité de la fiction.

En comprenant la nature conditionnée de notre réalité, nous pouvons commencer à remettre en question ces constructions et à élargir nos horizons.

Ce processus d'éveil nous pousse à remettre en question nos croyances, à explorer notre propre vérité intérieure et à chercher une vision plus authentique et libre du monde qui nous entoure.

L'illusion de la Matrice n'est pas une vérité immuable, mais plutôt un voile qui peut être levé. Ce livre vous offre des clés pour comprendre ces mécanismes invisibles et vous invite à vous affranchir des limites imposées par la Matrice.

Il vous encourage à devenir l'Architecte de votre propre réalité, en vous donnant les outils nécessaires pour élargir votre perception, cultiver la conscience et créer une réalité éveillée qui reflète votre véritable essence.

Devenir l'Architecte de votre Réalité

Devenir l'Architecte de votre Réalité, requiert profondément une démarche sincère dans l'éveil de la conscience. Nous explorons la quête intérieure de liberté et de vérité qui anime tant d'entre nous.

L'éveil de la conscience est le point de départ de notre voyage vers la réalisation de soi. C'est une prise de conscience profonde de notre existence au-delà des conditionnements et des illusions qui nous entourent.

Cela implique de remettre en question les vérités établies, de remettre en cause les croyances limitantes et de chercher la vérité au-delà des apparences.

La quête de liberté est un moteur puissant qui nous pousse à chercher une réalité plus vaste et plus authentique.

Nous aspirons à nous affranchir des chaînes invisibles de la Matrice, des schémas de pensée qui nous maintiennent dans des limites étroites. Nous désirons être libres de choisir notre propre chemin, de créer notre réalité selon nos propres désirs et aspirations.

La quête de vérité accompagne cette recherche de liberté. Nous aspirons à connaître la véritable nature de la réalité, à comprendre le sens profond de notre existence.

Nous nous interrogeons sur la nature de l'univers, sur notre place en son sein et sur les mystères qui nous entourent. Nous cherchons à découvrir la vérité intérieure qui réside au plus profond de notre être, au-delà des illusions et des conditionnements.

L'éveil de la conscience et la quête de liberté et de vérité sont étroitement liés. En élargissant notre conscience, en devenant conscients des influences qui nous conditionnent, nous sommes en mesure de choisir consciemment notre réalité et de nous libérer des limitations imposées. Nous entrons dans un état de responsabilité personnelle où nous devenons les acteurs de notre propre vie, les créateurs de notre propre réalité.

Ce livre vous accompagnera dans cette quête passionnante et transformatrice. Il vous guidera à travers des réflexions profondes, des exercices pratiques et des enseignements issus de diverses traditions philosophiques et spirituelles.

Vous découvrirez des méthodes pour développer votre conscience, pour éveiller votre véritable nature et pour vous affranchir des limites de la Matrice.

Préparez-vous à ouvrir votre esprit, à remettre en question vos croyances et à embrasser la puissance de votre conscience éveillée.

La quête de liberté et de vérité est une aventure sans fin, mais elle offre la possibilité de vivre une réalité plus épanouissante, plus authentique et plus alignée avec notre véritable essence.

Plongeons dans les mécanismes invisibles qui sous-tendent cette construction sociale et conditionnante, afin de mieux comprendre comment elle façonne notre réalité.

La Matrice peut être définie comme un système complexe d'influences, de croyances et de schémas de pensée qui nous entourent et qui exercent un pouvoir considérable sur notre perception du monde. Ces fondements de la Matrice sont souvent inconscients et subtils, agissant comme des filtres à travers lesquels nous interprétons la réalité.

L'un des fondements de la Matrice réside dans les archétypes culturels et sociaux. Ces archétypes sont des modèles de pensée prédominants qui sont transmis à travers les générations et qui influencent nos croyances, nos attentes et nos comportements. Ils façonnent notre vision du monde et créent des limites artificielles quant à ce qui est considéré comme possible ou acceptable.

Les médias et les systèmes de communication jouent également un rôle majeur dans la construction de la Matrice. Les images, les discours et les récits diffusés par les médias façonnent notre perception de la réalité en créant des modèles et des idéaux à suivre. Ils peuvent également renforcer des stéréotypes et des distorsions qui limitent notre compréhension du monde.

Un autre fondement de la Matrice est notre système éducatif. Bien que l'éducation soit essentielle, elle peut aussi être un vecteur de conditionnement.

Les systèmes éducatifs orientent souvent notre apprentissage vers des connaissances et des compétences spécifiques, négligeant parfois le développement d'une pensée critique et d'une conscience élargie. Cela peut nous enfermer dans des schémas de pensée limitants et dans une vision étroite de la réalité.

En comprenant ces fondements de la Matrice, nous sommes en mesure de prendre du recul par rapport à nos croyances et à nos perceptions. Nous pouvons commencer à remettre en question les influences qui nous conditionnent et à nous libérer des schémas de pensée limitants. Cela ouvre la voie à une réalité plus vaste et plus authentique, où nous sommes capables de créer notre propre vision du monde et de devenir les Architectes de notre réalité.

Dans le livre, vous découvrirez des outils et des pratiques pour explorer ces fondements de la Matrice et pour développer une conscience éclairée.

Vous serez encouragé à remettre en question les modèles prédominants, à cultiver une pensée critique et à vous ouvrir à de nouvelles perspectives. Ce processus de prise de conscience vous permettra de vous affranchir des limites de la Matrice et de commencer à façonner votre propre réalité selon vos désirs les plus profonds.

En fin de compte, la découverte des fondements de la Matrice est une invitation à la liberté et à la transformation. C'est un voyage intérieur qui nous libère des conditionnements et nous permet de vivre une réalité plus alignée avec notre véritable nature.

En comprenant les mécanismes qui nous ont conditionnés, nous pouvons échapper à la Matrice et devenir les créateurs conscients de notre propre réalité.

Ceci étant démontré, entrons dans le vif du sujet ou si vous voulez , partageons mon parcours en espérant que vous serez inspirés.

Let's go comme dirait l'autre !

Chapitre 1. Les pensées qui nous guident
- **L'impact des pensées sur nos émotions et nos actions**

Laissez-moi vous ouvrir mon cœur et vous parler de quelque chose qui a profondément changé ma vie : la puissance des pensées. Il y a eu un moment décisif où j'ai réalisé que ma réalité était le reflet direct de ce qui se passait dans mon esprit.

Il y avait une époque où mes pensées étaient négatives et empreintes de doutes. Je me disais souvent que je n'étais pas assez bon, que je ne pouvais pas réussir, que les obstacles étaient insurmontables.

Et devinez quoi ? Ma vie était un reflet fidèle de ces pensées limitantes. Je me sentais souvent triste, anxieux et bloqué dans mes actions. Je me suis retrouvé dans un cercle vicieux où mes pensées négatives alimentaient mes émotions négatives, qui à leur tour renforçaient mes pensées négatives.

Mais un jour, j'ai eu une révélation. J'ai compris que je pouvais changer ma réalité en changeant mes pensées. Cela peut sembler simpliste, mais c'est une vérité profonde. J'ai commencé à être plus attentif à mes pensées et à les remettre en question. Chaque fois que je me surprenais en train de me dévaloriser, je faisais un pas en arrière et je me demandais : "Est-ce vraiment vrai ? Est-ce que ces pensées me servent ?"

Au fil du temps, j'ai appris à cultiver des pensées positives et constructives. Je me suis entraîné à voir les opportunités plutôt que les obstacles, à me concentrer sur mes forces plutôt que sur mes faiblesses. Et vous savez quoi ? Ma vie a commencé à se transformer.

Je me suis senti plus léger, plus confiant, plus ouvert aux possibilités. Mes émotions se sont alignées avec mes pensées positives, et cela a eu un impact profond sur mes actions. J'ai osé sortir de ma zone de confort, prendre des risques et poursuivre mes rêves. Et petit à petit, ces actions audacieuses ont ouvert des portes insoupçonnées.

Laissez-moi vous raconter une anecdote qui illustre l'impact des pensées sur nos émotions et nos actions. Il y a quelques années, j'ai eu l'opportunité de postuler pour un emploi que je considérais comme un rêve.

Cependant, mes pensées négatives ont commencé à prendre le dessus. Je me suis dit que je n'étais pas assez qualifié, que je ne serais jamais choisi parmi les autres candidats brillants. J'ai commencé à me préparer mentalement à une déception inévitable.

Mais cette fois, j'ai décidé de prendre le contrôle de mes pensées. J'ai réalisé que si je me laissais submerger par le doute, je saborderais mes chances avant même d'avoir commencé. Alors j'ai décidé de nourrir des pensées positives et de me visualiser réussissant dans cet emploi. J'ai répété des affirmations positives tous les jours et je me suis engagé à croire en moi-même.

Et devinez quoi ? J'ai été choisi pour le poste. Mon changement de perspective a eu un impact direct sur

ma confiance en moi, ma performance lors de l'entretien et finalement, sur l'obtention du travail.

Cette expérience a été un tournant dans ma vie. J'ai compris que nos pensées sont comme des graines que nous plantons dans notre esprit. Si nous nourrissons des pensées positives, elles fleurissent et nous élèvent. Si nous laissons les pensées négatives prendre racine, elles nous emprisonnent dans un cycle de pessimisme.

Ainsi, je vous invite à prendre conscience du pouvoir de vos pensées. Prenez un moment pour réfléchir à vos propres schémas de pensée et à l'impact qu'ils ont sur votre vie. Vous méritez une réalité empreinte de bonheur, de succès et de plénitude. Nourrissez-vous de pensées qui vous soutiennent, vous inspirent et vous propulsent vers une vie meilleure.

Dans les chapitres suivants, nous explorerons ensemble différentes façons de cultiver des pensées positives, de surmonter les pensées limitantes et de créer une réalité épanouissante.

Je vous invite à me rejoindre dans cette quête de transformation intérieure, où chaque jour est une occasion de grandir, de s'épanouir et d'aller mieux.

Osez embrasser la magie de vos pensées, car elles ont le pouvoir de changer votre vie.

- **L'importance de cultiver des pensées positives**

L'importance de cultiver des pensées positives et constructives est une vérité profonde que j'ai apprise au fil de mon parcours personnel.

Nos pensées sont les architectes de notre réalité, elles façonnent nos émotions, nos actions et notre perception du monde qui nous entoure. En choisissant de nourrir des pensées positives, nous créons un environnement intérieur propice à l'épanouissement et à la réussite.

Lorsque nous cultivons des pensées positives, nous ouvrons la porte à de nouvelles possibilités. Nous devenons plus réceptifs aux opportunités qui se présentent à nous, car nous avons développé une attitude de confiance et d'optimisme.

Au lieu de nous concentrer sur ce qui pourrait mal tourner, nous dirigeons notre attention vers ce qui peut aller bien. Cela crée un état d'esprit résilient et déterminé, nous permettant de surmonter les obstacles avec grâce et persévérance.

Je me souviens d'une période de ma vie où j'étais constamment submergé par des pensées négatives et des doutes paralysants. Chaque décision que je devais prendre était accompagnée d'une voix intérieure qui me susurrait des scénarios d'échec et d'insuffisance. Cette mentalité limitante m'a maintenu dans une spirale descendante, m'empêchant d'explorer mon plein potentiel.

Cependant, lorsque j'ai commencé à prendre conscience de l'impact de mes pensées sur ma réalité, j'ai décidé de faire un changement radical. J'ai décidé de nourrir des pensées positives et constructives, même si cela semblait difficile au début. J'ai commencé par me répéter des affirmations positives chaque matin, en me concentrant sur mes forces et mes capacités.

Au fur et à mesure que j'adoptais cette nouvelle mentalité, j'ai commencé à remarquer des changements significatifs dans ma vie. Mes relations se sont renforcées, car je projetais une énergie positive et encourageante.

Mes performances professionnelles se sont améliorées, car je croyais en ma capacité à réussir. Je me suis senti plus heureux et plus épanoui, car j'ai appris à voir le côté lumineux de chaque situation.

Cultiver des pensées positives et constructives ne signifie pas ignorer les défis ou nier les émotions négatives. Au contraire, cela implique de développer une perspective équilibrée et de rechercher des opportunités de croissance et de résilience dans les moments difficiles. C'est un travail constant, qui nécessite de l'attention et de la pratique, mais les récompenses en valent la peine.

Dans les pages qui suivent, je partagerai avec vous des stratégies pratiques pour cultiver des pensées positives et constructives dans votre propre vie.

Nous explorerons des techniques de gratitude, d'affirmations positives, de visualisation et de reprogrammation des schémas de pensée limitants. Je vous raconterai des histoires et des anecdotes de personnes qui ont transformé leur vie grâce à la puissance des pensées positives.

Rappelez-vous, cher lecteur, que vous avez le pouvoir de choisir vos pensées. Vous pouvez choisir de nourrir des pensées qui vous élèvent, vous inspirent et vous propulsent vers

une vie meilleure. Alors, osez vous engager dans ce voyage de transformation intérieure et découvrez le pouvoir magique des pensées positives et constructives.

- **Mon propre voyage vers la transformation des pensées limitantes**

Mon propre voyage vers la transformation des pensées limitantes a été un processus profondément personnel et transformatif. Il y a eu des moments clés dans ma vie où j'ai rencontré des personnes inspirantes ou découvert des livres qui ont joué un rôle déterminant dans ma compréhension de la puissance des pensées positives.

Je me souviens d'une rencontre fortuite avec un inconnu lors d'un voyage en train. Nous avons commencé à discuter et il a partagé avec moi sa philosophie de vie basée sur la gratitude et la pensée positive. Ses paroles ont résonné en moi d'une manière profonde, et j'ai réalisé que je pouvais choisir de nourrir des pensées positives plutôt que de me laisser submerger par les pensées négatives.

Ce simple échange a été un déclic pour moi. J'ai commencé à pratiquer la gratitude au quotidien, en prenant le temps de reconnaître les petites choses qui rendaient ma vie belle et significative. Cette pratique régulière m'a aidé à cultiver une mentalité axée sur l'appréciation et à voir les aspects positifs même dans les moments les plus difficiles.

Une autre expérience marquante a été la lecture d'un livre intitulé "Le pouvoir de l'instant présent" de Eckhart Tolle. Ce livre m'a ouvert les yeux sur le pouvoir de l'instant présent et m'a aidé à comprendre que le bonheur et la paix intérieure se trouvent dans le moment présent, plutôt que dans les regrets du passé ou les inquiétudes pour l'avenir.

J'ai commencé à pratiquer la pleine conscience et à me concentrer sur l'instant présent, ce qui a considérablement réduit mon stress et mes pensées anxieuses.

Il y a eu d'autres rencontres, lectures et expériences qui ont contribué à mon voyage de transformation des pensées limitantes. Des amis bienveillants qui m'ont encouragé et soutenu lorsque j'en avais le plus besoin, des mentors qui m'ont montré l'importance de croire en moi-même et de nourrir des pensées positives, et des moments de solitude et de réflexion profonde où j'ai pu me connecter à mon propre pouvoir intérieur.

Toutes ces expériences m'ont montré qu'il est possible de changer nos pensées et de transformer notre réalité. Elles ont renforcé ma conviction que nous sommes les créateurs de notre propre vie et que le pouvoir de nos pensées est infini.

Aujourd'hui, je continue de nourrir des pensées positives et constructives, même lorsque les défis se présentent. Je pratique la gratitude, je m'entoure de personnes positives et inspirantes, et je nourris mon esprit avec des lectures et des ressources qui soutiennent ma croissance personnelle.

Mon voyage vers la transformation des pensées limitantes n'a pas été parfait, et il y a encore des moments où les pensées négatives tentent de s'infiltrer. Mais j'ai appris à reconnaître ces pensées et à les remettre en question. Je choisis de me focaliser sur ce qui est positif et encourageant, et cela a fait une énorme différence dans ma vie.

Je partage ces anecdotes et expériences personnelles avec vous, cher lecteur, dans l'espoir qu'elles puissent vous inspirer à entreprendre votre propre voyage de transformation

des pensées limitantes. Vous avez le pouvoir de changer votre réalité en changeant vos pensées.

Osez vous ouvrir à la possibilité d'une vie empreinte de positivité, de confiance et d'épanouissement.

Chapitre 2. Cultiver la gratitude au quotidien

- **Les bienfaits de la gratitude dans notre vie**

Les bienfaits de la gratitude dans notre vie sont inestimables. Lorsque nous cultivons activement un état d'esprit reconnaissant, nous ouvrons la porte à une multitude d'expériences positives et transformons notre perception du monde qui nous entoure.

La gratitude est une pratique puissante qui nous permet de nous concentrer sur ce qui est bon et positif dans notre vie, même au milieu des défis et des difficultés. En prenant le temps de reconnaître et d'apprécier les petites choses, nous développons une attitude de gratitude qui nous permet de savourer pleinement les joies simples de la vie.

J'ai personnellement découvert les bienfaits de la gratitude il y a quelques années, lors d'une période où je me sentais submergé par le stress et les préoccupations. J'ai commencé à tenir un journal de gratitude, où chaque soir, avant de me coucher, j'écrivais trois choses pour lesquelles j'étais reconnaissant ce jour-là.

Au début, cela semblait être une tâche simple, mais au fil du temps, j'ai réalisé que cela changeait ma perspective et mon état d'esprit. J'ai commencé à remarquer les petites choses qui apportaient de la joie à ma journée : un sourire chaleureux d'un étranger, une tasse de café savourée tranquillement le matin, ou un moment de connexion sincère avec un être cher.

La pratique de la gratitude m'a permis de cultiver un sentiment de contentement et de bonheur au quotidien, même dans les moments les plus difficiles.

Les bienfaits de la gratitude s'étendent au-delà de notre bien-être émotionnel. Des études scientifiques ont démontré que la gratitude régulière peut améliorer notre santé physique, renforcer notre système immunitaire et réduire le stress. Elle favorise également des relations plus harmonieuses et nourrit notre capacité à créer des connexions authentiques avec les autres.

Une anecdote qui illustre les bienfaits de la gratitude dans ma propre vie est celle d'une journée où j'ai rencontré de nombreux obstacles et contrariétés. J'étais de mauvaise humeur et je me sentais découragé. Cependant, je me suis rappelé l'importance de la gratitude et j'ai décidé de changer ma perspective.

Au lieu de me concentrer sur les aspects négatifs de ma journée, j'ai pris un moment pour réfléchir aux choses positives qui m'entouraient. J'ai remarqué le soleil qui brillait dans le ciel, la beauté des fleurs dans un parc voisin, et les encouragements chaleureux d'un ami.

En me focalisant sur ces éléments, j'ai ressenti un sentiment de gratitude et de paix intérieure. Les obstacles qui semblaient insurmontables ont perdu de leur pouvoir, car j'ai choisi de me concentrer sur ce qui était bon et positif.

Les bienfaits de la gratitude ne se limitent pas à de simples pensées. Il est important de les exprimer également. Exprimer sa gratitude envers les autres renforce les liens et crée une atmosphère de bienveillance et d'appréciation. Un simple "merci" sincère peut avoir un impact profond sur les autres et sur nous-mêmes.

Dans les prochains chapitres, nous explorerons des techniques pratiques pour cultiver la gratitude dans notre vie quotidienne. Nous découvrirons comment intégrer la gratitude dans nos routines, comment pratiquer la gratitude même dans les moments difficiles, et comment exprimer notre reconnaissance envers les autres.

Je vous encourage, cher lecteur, à intégrer la gratitude dans votre vie. Prenez le temps de reconnaître et d'apprécier les merveilles qui vous entourent, même les plus petites. La gratitude est une clé précieuse qui ouvre la porte vers une vie plus épanouissante et remplie de bonheur.

- **Des exercices pratiques pour cultiver la gratitude**

Des exercices pratiques pour cultiver la gratitude sont des outils précieux pour intégrer cette puissante pratique dans notre vie quotidienne. Voici quelques exercices simples mais efficaces qui peuvent vous aider à nourrir un état d'esprit reconnaissant et à cultiver la gratitude :

1. Le journal de gratitude : Prenez quelques minutes chaque jour pour écrire dans un journal les choses pour lesquelles vous êtes reconnaissant. Que ce soit le matin ou le soir, notez au moins trois choses positives qui se sont produites dans votre journée. Il peut s'agir de moments simples ou de réalisations significatives. En prenant l'habitude de consigner ces moments, vous entraînez votre esprit à se concentrer sur le positif.

2. Le rituel de gratitude : Créez un rituel quotidien où vous exprimez votre gratitude à voix haute. Choisissez un moment de la journée qui vous convient, comme le matin au réveil ou le soir avant de vous coucher. Pensez à au moins trois choses pour lesquelles vous êtes reconnaissant et prononcez-les à voix haute. En verbalisant votre gratitude, vous renforcez son impact et vous vous imprégnez de cette énergie positive.

3. La gratitude dans les moments difficiles : Lorsque vous traversez des moments difficiles, cherchez activement des aspects positifs dans la situation. Même s'il peut sembler difficile au début, essayez de trouver un aspect bénéfique, une leçon apprise ou un soutien que vous avez reçu. En développant cette habitude de chercher le positif dans les moments de défi, vous transformez votre perspective et cultivez la gratitude.

4. Les lettres de gratitude : Prenez le temps d'écrire des lettres de gratitude aux personnes qui ont eu un impact positif dans votre vie. Que ce soit un membre de votre famille, un ami, un mentor ou même un étranger, exprimez vos remerciements pour leur présence, leur soutien ou leurs actions. Vous pouvez choisir de leur envoyer la lettre ou simplement la garder pour vous, mais le processus d'écriture en lui-même est une pratique puissante de gratitude.

5. La gratitude dans le quotidien : Soyez attentif aux petites choses qui suscitent votre gratitude tout au long de la journée. Cela peut être le goût savoureux d'une tasse de café, le chant des oiseaux, un rayon de soleil qui traverse la fenêtre, ou un sourire chaleureux d'un inconnu. Prenez le temps de remarquer ces moments et de les apprécier pleinement. En portant votre attention sur ces petites joies, vous élevez votre niveau de gratitude.

En pratiquant régulièrement ces exercices, vous entraînez votre esprit à se tourner vers le positif et à cultiver la gratitude dans votre vie. Rappelez-vous que la gratitude est une attitude qui se nourrit et se renforce avec la pratique. Plus vous l'incorporez dans votre quotidien, plus elle devient une seconde nature et transforme votre expérience de vie.

J'espère que ces exercices vous aideront à cultiver la gratitude et à découvrir ses bienfaits profonds. Pratiquez-les avec engagement et ouverture d'esprit, et observez comment la gratitude enrichit votre vie et nourrit votre bien-être émotionnel.

- **Une anecdote personnelle sur la façon dont la gratitude a changé ma perspective**

Permettez-moi de partager une anecdote personnelle qui illustre comment la gratitude a apporté des miracles dans ma vie personnelle et professionnelle.

Il y a quelques années, j'ai été confronté à une période de grands défis dans ma carrière. J'étais constamment stressé, insatisfait de mon travail et en proie à des pensées négatives. J'avais du mal à voir les opportunités qui se présentaient à moi et je me sentais bloqué dans une spirale de frustration.

Cependant, un jour, j'ai pris conscience que je devais changer ma perspective et adopter une attitude de gratitude, même dans cette situation difficile. J'ai décidé de mettre en pratique l'exercice du journal de gratitude, où je notais chaque jour trois choses pour lesquelles j'étais reconnaissant dans ma carrière.

Au début, cela semblait être un défi de trouver des aspects positifs à écrire. Mais j'ai persévéré et j'ai commencé à reconnaître les petites victoires, les leçons apprises et les occasions de croissance qui se présentaient à moi. J'ai commencé à exprimer ma gratitude pour mes collègues de travail qui m'apportaient un soutien précieux, pour les compétences que j'avais acquises au fil du temps, et pour les opportunités d'apprendre de nouvelles choses.

Peu à peu, j'ai commencé à ressentir un changement dans ma perception. Je me suis ouvert à de nouvelles perspectives et j'ai développé une attitude plus positive envers mon travail. J'ai commencé à apprécier les défis comme des opportunités de croissance et à exprimer ma gratitude pour les enseignements qu'ils m'apportaient.

Ce changement d'état d'esprit a eu des répercussions étonnantes. J'ai remarqué que les relations avec mes collègues se sont améliorées, que j'ai été reconnu pour mes contributions et que de nouvelles opportunités se sont ouvertes à moi. Je me suis retrouvé à travailler sur des projets passionnants et stimulants, et ma carrière a commencé à évoluer de manière positive.

La gratitude a apporté des miracles dans ma vie professionnelle en transformant ma perspective et en m'aidant à voir les possibilités là où je ne les voyais pas auparavant. J'ai réalisé que la gratitude était une clé essentielle pour ouvrir des portes et attirer des opportunités.

Mais les miracles de la gratitude ne se sont pas limités à ma vie professionnelle. J'ai également observé des changements profonds dans ma vie personnelle. En exprimant ma gratitude pour les relations significatives, les moments de joie et les bénédictions quotidiennes, j'ai développé une plus grande appréciation pour ma vie dans son ensemble.

J'ai constaté que la gratitude avait le pouvoir de transformer les moments ordinaires en moments extraordinaires. J'ai commencé à remarquer la beauté dans les petites choses de la vie, à être reconnaissant pour chaque instant présent et à développer une plus grande sérénité intérieure.

La gratitude a été un catalyseur pour des changements positifs dans ma vie personnelle et professionnelle. Elle m'a permis de voir le monde avec des yeux neufs, de cultiver la positivité et de créer une réalité plus épanouissante

Cette anecdote personnelle témoigne de la puissance de la gratitude et de son impact profond sur notre bien-être et notre réussite. J'encourage chacun à intégrer la gratitude dans sa vie quotidienne et à observer les miracles qu'elle peut apporter.

Chapitre 3. La puissance de la réflexion personnelle

La puissance de la réflexion personnelle est une force extraordinaire qui peut transformer notre vie de manière profonde et significative. En prenant le temps de nous connecter avec nous-mêmes, d'explorer nos pensées et nos émotions, nous ouvrons la porte à la croissance personnelle et à l'épanouissement.

J'ai découvert cette puissance il y a quelques années, lors d'une période de remise en question et d'introspection. Je me sentais perdu, désorienté, et je cherchais des réponses à mes questions les plus profondes. C'est à ce moment-là que j'ai commencé à consacrer du temps à la réflexion personnelle.

Je me suis créé un espace tranquille, un refuge où je pouvais être en communion avec moi-même. Je prenais régulièrement du temps pour m'asseoir en silence, sans distractions, et pour me plonger dans mes pensées et mes émotions. J'ai commencé à poser des questions profondes et à écouter attentivement les réponses qui émanaient de mon être intérieur.

La réflexion personnelle m'a permis de me connecter avec mes valeurs les plus profondes, mes aspirations les plus authentiques et mes désirs les plus profonds. Elle m'a aidé à prendre conscience de mes forces et de mes faiblesses, de mes peurs et de mes rêves. Grâce à cette exploration intérieure, j'ai découvert des aspects de moi-même que j'ignorais auparavant.

Pendant ce voyage de réflexion personnelle, j'ai rencontré des moments de clarté et d'illumination. Des idées novatrices ont émergé, des solutions aux défis auxquels je faisais face se sont présentées à moi. J'ai compris que la réflexion personnelle était un véritable trésor, une source infinie de sagesse et d'inspiration.

Une des rencontres les plus marquantes pendant ce parcours de réflexion personnelle a été celle d'un livre qui a profondément changé ma vie. Il s'agissait d'un récit autobiographique d'une personne qui avait surmonté d'immenses difficultés et qui avait réussi à transformer sa vie grâce à la puissance de la réflexion personnelle. Son histoire m'a touché en plein cœur et m'a inspiré à aller plus loin dans ma propre quête.

Ce livre a été un véritable déclic pour moi. Il a renforcé ma conviction en la puissance de la réflexion personnelle et m'a encouragé à approfondir mon exploration intérieure. J'ai commencé à utiliser des outils tels que l'écriture de journal, la méditation et la pratique de la pleine conscience pour cultiver cette connexion profonde avec moi-même.

La réflexion personnelle m'a permis de mieux me connaître, de développer une plus grande conscience de mes pensées et de mes émotions, et de prendre des décisions plus alignées avec mes valeurs et mes aspirations. Elle m'a également aidé à faire face aux défis de la vie avec résilience et clarté, en me rappelant toujours de rester fidèle à qui je suis au plus profond de moi.

Je suis reconnaissant pour le pouvoir de la réflexion personnelle dans ma vie. Elle m'a offert un espace intime pour grandir,

évoluer et me reconnecter avec ma véritable essence. Je vous encourage, cher lecteur, à vous ouvrir à la puissance de la réflexion personnelle et à découvrir les merveilles qu'elle peut apporter dans votre propre voyage de transformation. Prenez le temps de vous connecter avec vous-même, d'explorer vos pensées, vos émotions et vos aspirations. Vous serez surpris des trésors que vous découvrirez et de la profondeur de sagesse qui sommeille en vous.

- **Prendre le temps de se connaître soi-même**

Prendre le temps de se connaître soi-même est l'un des investissements les plus précieux que nous puissions faire dans notre vie. C'est une démarche profonde et introspective qui nous permet de développer une relation authentique avec nous-mêmes et de trouver notre véritable chemin.

J'ai moi-même découvert l'importance de cette quête intérieure il y a quelques années. À cette époque, je me sentais déconnecté de qui j'étais réellement. Je me laissais influencer par les attentes des autres et je m'éloignais de mes propres valeurs et passions.

Mais un jour, j'ai réalisé qu'il était temps de prendre du recul et de me plonger dans une exploration personnelle approfondie. J'ai commencé à consacrer du temps à des activités qui me permettaient de me connecter avec moi-même, comme la méditation, l'écriture de journal et la pratique de la pleine conscience.

Au fur et à mesure que je m'engageais dans cette démarche, j'ai commencé à découvrir des aspects de ma personnalité, de mes désirs et de mes rêves que j'avais négligés auparavant. J'ai pris conscience de mes forces uniques, de mes passions profondes et de mes valeurs fondamentales.

La connaissance de soi m'a permis de comprendre ce qui était vraiment important pour moi dans la vie. J'ai appris à reconnaître mes limites et mes besoins, et j'ai pu prendre des décisions plus éclairées et plus alignées avec qui je suis vraiment.

Au cours de cette période d'exploration personnelle, j'ai rencontré des personnes inspirantes qui m'ont encouragé à me connecter davantage avec ma véritable essence. J'ai lu des livres qui ont éclairé mon chemin et m'ont donné des outils pour approfondir ma connaissance de moi-même.

Une rencontre particulièrement significative a été celle d'un mentor qui m'a guidé et m'a soutenu dans ma quête de moi-même. Ses conseils éclairés et son écoute bienveillante m'ont permis de me sentir soutenu et encouragé dans cette démarche parfois difficile.

Ce voyage de découverte de soi ne s'est pas fait du jour au lendemain. Il a demandé du temps, de la patience et un engagement sincère envers moi-même. Mais les bénéfices en valent largement la peine.

En me connaissant mieux, j'ai pu prendre des décisions qui étaient plus alignées avec mes aspirations les plus profondes. J'ai pu cultiver des relations plus authentiques et plus significatives, car je savais ce que je recherchais et ce que je pouvais offrir.

La connaissance de soi m'a également apporté une plus grande paix intérieure. En comprenant mes propres motivations et en identifiant mes zones de croissance, j'ai pu travailler sur moi-même et devenir une meilleure version de moi-même.

Je vous encourage, cher lecteur, à entreprendre ce voyage de découverte de soi. Prenez le temps de vous connaître vraiment, d'explorer vos pensées, vos émotions et vos passions les plus profondes. Soyez curieux et ouvert à ce que vous découvrirez sur vous-même. C'est un voyage qui transformera votre vie de manière profonde et épanouissante.

- **L'art du journaling et de l'introspection**

L'art du journaling et de l'introspection a été une véritable révélation pour moi, et il a transformé ma vie de manière profonde et significative. Je me souviens encore de cette période de transition dans ma vie où j'ai découvert les bienfaits incroyables de ces pratiques.

À l'époque, je me sentais perdu et dépassé par les défis auxquels je faisais face. Je cherchais un moyen de me connecter avec moi-même, de clarifier mes pensées et d'explorer mes émotions les plus profondes. C'est alors que j'ai commencé à m'intéresser au journaling et à l'introspection.

J'ai commencé par acheter un joli carnet et un stylo qui me plaisaient, car je voulais que cette pratique soit un moment spécial et inspirant. Chaque jour, je prenais le temps de m'asseoir dans un endroit calme et de noter mes réflexions, mes questions, mes espoirs et mes rêves.

Le journaling est devenu mon refuge, un espace où je pouvais exprimer librement mes pensées les plus profondes. J'ai commencé à écrire sans filtre, sans jugement, simplement en laissant mes mots couler sur le papier. C'était libérateur et thérapeutique.

Au fil du temps, j'ai découvert que le journaling avait le pouvoir de clarifier mes pensées et de me donner une perspective nouvelle sur les situations auxquelles je faisais face. En écrivant, je pouvais analyser mes émotions, identifier les schémas de pensée limitants et trouver des solutions créatives à mes problèmes.

Le journaling m'a également permis de me connecter avec mes aspirations les plus profondes. J'ai commencé à écrire sur mes rêves, mes passions et mes objectifs, ce qui m'a aidé à tracer un chemin clair vers la réalisation de mes souhaits les plus chers. Chaque fois que je relisais mes écrits, je me sentais motivé et inspiré pour poursuivre mes aspirations.

Une autre facette importante de l'art du journaling est l'introspection. Au-delà de simplement noter mes pensées, j'ai commencé à m'interroger sur mes croyances, mes valeurs et mes comportements. Je me posais des questions profondes sur qui je suis vraiment et sur la personne que je veux devenir.

Ce processus d'introspection m'a permis de mieux me connaître et de comprendre mes motivations les plus profondes. J'ai été confronté à mes peurs, mes doutes et mes limites, mais j'ai également découvert mes forces et mes ressources intérieures. J'ai appris à me pardonner, à me donner de l'amour et à cultiver l'acceptation de moi-même.

Le journaling et l'introspection ont été des outils précieux dans ma quête de croissance personnelle et d'épanouissement. Ils m'ont permis de faire face à mes émotions les plus profondes, de trouver des réponses à mes questions et de développer une plus grande clarté mentale.

Je me souviens d'une expérience particulièrement puissante lorsque j'ai écrit une lettre à mon moi futur. Dans cette lettre, j'ai exprimé mes espoirs, mes rêves et mes aspirations les plus profondes.

Quelques années plus tard, en relisant cette lettre, j'ai réalisé à quel point j'avais accompli de choses et à quel point j'avais évolué en tant qu'individu.

Le journaling et l'introspection sont des pratiques qui demandent du temps et de la constance, mais les bénéfices en valent largement la peine. Je vous encourage, cher lecteur, à vous plonger dans cette aventure d'auto-exploration.

Trouvez un moment calme chaque jour pour vous asseoir et écrire vos pensées, vos émotions et vos aspirations. Laissez le journaling et l'introspection vous guider vers une meilleure compréhension de vous-même et une vie plus épanouissante.

- **Comment la réflexion personnelle m'a aidé à prendre des décisions importantes dans ma vie**

La réflexion personnelle a joué un rôle essentiel dans ma capacité à prendre des décisions importantes et significatives dans ma vie. En prenant le temps de me plonger dans mes pensées, mes émotions et mes aspirations les plus profondes, j'ai pu trouver la clarté et la confiance nécessaires pour faire des choix éclairés.

Lorsque je suis confronté à une décision importante, je commence par me retirer dans un espace calme où je peux être seul avec mes réflexions. Je me pose des questions essentielles et j'explore les différentes options qui se présentent à moi. J'évalue attentivement les avantages et les inconvénients de chaque choix, en prenant en compte mes valeurs, mes objectifs et mes priorités.

La réflexion personnelle m'aide à prendre du recul par rapport à la situation et à considérer les choses sous différents angles. Je me demande quels sont mes véritables désirs et motivations, et comment chaque option pourrait contribuer à ma croissance personnelle et à mon bonheur à long terme.

Une anecdote personnelle qui me vient à l'esprit est lorsque j'étais confronté à une opportunité de carrière majeure. J'étais tiraillé entre rester dans mon emploi actuel, qui offrait sécurité et confort, ou saisir cette nouvelle opportunité qui représentait un défi passionnant mais comportait également plus d'incertitude.

J'ai utilisé la réflexion personnelle pour explorer mes motivations profondes et mes aspirations. J'ai pris le temps d'écouter mes instincts et mes intuitions. J'ai écrit mes pensées, mes doutes et mes espoirs dans mon journal, ce qui m'a permis de clarifier mes priorités et mes valeurs.

La réflexion personnelle m'a également aidé à identifier mes peurs et mes limites, mais aussi à reconnaître mes forces et mes ressources intérieures. J'ai pu évaluer ma capacité à faire face aux défis potentiels et à saisir les opportunités de croissance qui se présentaient.

En fin de compte, grâce à cette réflexion personnelle approfondie, j'ai pu prendre une décision en alignement avec mes aspirations les plus profondes. J'ai choisi de saisir l'opportunité de carrière, malgré les incertitudes, car elle était en accord avec mes valeurs de croissance, d'aventure et de contribution.

Cette décision a eu un impact significatif sur ma vie. Non seulement elle m'a permis de développer de nouvelles compétences et d'explorer de nouveaux horizons, mais elle m'a également apporté une satisfaction et un épanouissement personnel que je n'aurais pas pu atteindre autrement.

La réflexion personnelle m'a offert la clarté nécessaire pour prendre des décisions importantes avec confiance et conviction. Elle m'a permis de faire des choix en accord avec qui je suis réellement et avec ce qui est le plus important pour moi. Elle m'a donné la force de suivre mon propre chemin, même lorsque cela impliquait de sortir de ma zone de confort.

Je continue d'utiliser la réflexion personnelle comme un outil précieux dans ma vie quotidienne. Elle m'aide à naviguer à travers les défis, à trouver des solutions créatives et à rester aligné avec mes valeurs et mes aspirations. Je suis reconnaissant d'avoir

découvert cette pratique et de l'avoir intégrée dans ma vie, car elle a enrichi mes expériences et m'a permis de prendre des décisions éclairées qui ont eu un impact positif sur ma vie.

Chapitre 4. Fixer des objectifs qui nous inspirent

Fixer des objectifs qui nous inspirent est un élément essentiel de notre parcours de développement personnel. Lorsque nous nous engageons dans la poursuite de nos aspirations les plus profondes, nous créons une motivation intrinsèque et une énergie qui nous propulsent vers l'avant.

Personnellement, j'ai expérimenté le pouvoir de fixer des objectifs inspirants à plusieurs reprises dans ma vie. Une anecdote qui me vient à l'esprit est lorsque j'ai décidé de me lancer dans l'écriture d'un livre. C'était un rêve que j'avais depuis longtemps, mais qui semblait inaccessible et intimidant.

Au départ, je me sentais submergé par la tâche immense qui m'attendait. Mais grâce à ma réflexion personnelle et à mon engagement envers mon développement personnel, j'ai commencé à définir des objectifs clairs et inspirants. J'ai imaginé le livre que je voulais écrire, l'impact que je voulais avoir sur les lecteurs et les idées que je voulais partager.

Ces objectifs ont donné un sens et une direction à mon travail d'écriture. Chaque jour, je me réveillais avec une motivation renouvelée pour avancer vers la réalisation de mon rêve. Je me suis fixé des échéances réalistes, j'ai élaboré un plan d'action et j'ai travaillé avec persévérance et discipline.

Le chemin vers la réalisation de mon objectif n'a pas été sans obstacles. J'ai rencontré des moments de doute, de découragement et de remise en question. Mais à chaque fois, je me suis rappelé pourquoi cet objectif était si important pour moi, pourquoi je voulais partager mon histoire et mes idées avec le monde.

Fixer des objectifs inspirants m'a permis de dépasser mes propres limites et de me surpasser. J'ai acquis de nouvelles compétences, développé ma créativité et découvert une force intérieure que je ne soupçonnais pas. Ce processus m'a également ouvert des portes inattendues et m'a connecté avec des personnes partageant les mêmes aspirations.

Je suis convaincu que lorsque nous fixons des objectifs qui nous inspirent, nous nous donnons la permission de rêver en grand et de créer notre propre réalité. Nous nous engageons activement dans notre développement personnel et nous cultivons une attitude de croissance et de détermination.

Cependant, il est important de souligner que fixer des objectifs inspirants ne signifie pas uniquement se focaliser sur le résultat final. Il s'agit également d'apprécier le voyage, de célébrer les petites victoires et d'apprendre des défis rencontrés en cours de route. C'est une occasion de grandir, d'apprendre et de s'épanouir en tant qu'individu.

Je vous encourage, cher lecteur, à prendre le temps de réfléchir à vos aspirations les plus profondes et à fixer des objectifs qui vous inspirent. Laissez-vous guider par votre passion et votre intuition, et n'ayez pas peur de rêver en grand. Engagez-vous pleinement dans la poursuite de ces objectifs, en faisant preuve de persévérance, de discipline et d'une vision claire de ce que vous souhaitez accomplir.

Le voyage pour atteindre ces objectifs sera peut-être semé d'obstacles, mais chaque pas en avant vous rapprochera de votre réalisation personnelle et de l'épanouissement de votre potentiel. N'oubliez pas de savourer chaque étape du chemin et de vous féliciter des progrès que vous réalisez.

Fixer des objectifs qui nous inspirent est un acte de confiance en soi et de croissance personnelle. C'est une invitation à vivre une vie remplie de sens, de passion et de réalisation de soi.

Alors, osez rêver en grand et donnez vie à vos aspirations les plus profondes. Le pouvoir de transformation vous attend au bout du chemi

- **L'importance de définir des objectifs clairs et motivants**

Définir des objectifs clairs et motivants est d'une importance capitale dans notre quête de croissance personnelle et de réussite. Lorsque nous avons des objectifs bien définis, nous créons une vision claire de ce que nous voulons accomplir, ce qui nous donne une direction et une motivation pour avancer.

Personnellement, j'ai expérimenté les bienfaits de définir des objectifs clairs et motivants à de nombreuses reprises dans ma vie. Une anecdote qui me vient à l'esprit est lorsque j'ai décidé de me lancer dans un programme de remise en forme et de santé. Mon objectif était de perdre du poids, d'améliorer ma condition physique et de vivre une vie plus saine et plus énergique.

Au début, cet objectif pouvait sembler écrasant et vague. Mais en le décomposant en objectifs spécifiques et mesurables, j'ai pu créer un plan d'action concret. J'ai défini des objectifs tels que courir un certain nombre de kilomètres par semaine, suivre un régime équilibré et m'engager dans des activités physiques régulières.

Chaque fois que je me fixais un nouvel objectif, je le rendais aussi précis et tangible que possible. Par exemple, au lieu de dire "Je veux être en meilleure forme", je me suis fixé un objectif précis de courir un marathon dans un délai de six mois. Cette clarté m'a permis de mesurer mes progrès et de me donner une cible à atteindre.

Définir des objectifs clairs et motivants nous donne également une motivation intrinsèque. Lorsque nous avons une vision claire de ce que nous voulons accomplir, nous sommes plus enclins à nous engager pleinement et à faire les efforts nécessaires pour y parvenir. Cela crée une dynamique positive où chaque petit pas vers notre objectif renforce notre motivation et notre confiance en nous.

Il est également important de noter que les objectifs motivants sont personnels et alignés avec nos propres aspirations et valeurs. Lorsque nous nous fixons des objectifs basés sur les attentes des autres ou sur des idéaux externes, il peut être difficile de maintenir la motivation à long terme. En revanche, lorsque nos objectifs sont en accord avec nos passions et nos désirs les plus profonds, ils deviennent une source d'inspiration continue.

Définir des objectifs clairs et motivants nous permet de nous concentrer sur ce qui est réellement important pour nous et de donner un sens à nos actions quotidiennes. Cela nous donne une boussole qui nous guide dans nos décisions et nos priorités. Les objectifs motivants nous aident à sortir de notre zone de confort, à relever des défis stimulants et à réaliser des résultats qui ont un impact significatif sur notre vie.

En conclusion, définir des objectifs clairs et motivants est un moyen puissant de diriger notre vie vers la réussite et l'épanouissement. Ces objectifs nous fournissent une vision, une motivation et une structure pour avancer dans la direction de nos rêves. Alors, prenez le temps de réfléchir à ce qui vous inspire réellement et fixez des objectifs qui vous poussent à vous dépasser et à réaliser votre plein potentiel. Le pouvoir de transformation est entre vos mains.

- **Des stratégies pour suivre nos progrès et rester motivé**

Pour suivre nos progrès et rester motivé dans l'atteinte de nos objectifs, il existe plusieurs stratégies efficaces. Voici quelques conseils pratiques qui peuvent vous aider :

1. Tenir un journal de bord : Établissez le rituel d'écrire régulièrement vos progrès, vos réussites et vos défis rencontrés. Cela vous permettra de voir vos avancées concrètes, de rester conscient de vos efforts et de garder une trace de votre parcours.

2. Fixer des jalons intermédiaires : Divisez votre objectif principal en étapes plus petites et fixez-vous des objectifs à court terme. Cela vous aidera à mesurer vos progrès de manière plus tangible et à célébrer les petites victoires en cours de route.

3. Utiliser des outils de suivi : Utilisez des outils numériques ou des applications dédiées pour suivre vos progrès. Que ce soit un tracker d'activité physique, une application de gestion du temps ou un tableau de suivi personnalisé, ces outils visuels vous aideront à visualiser vos avancées et à rester motivé.

4. Trouver un système de responsabilité : Trouvez un partenaire de responsabilité ou rejoignez un groupe de soutien où vous pourrez partager vos objectifs et vos progrès. Le fait d'être responsable envers quelqu'un d'autre vous motivera à rester sur la bonne voie et à persévérer.

5. Visualiser votre réussite : Créez une image mentale claire de vous-même en train de réaliser votre objectif. Visualisez les détails, les émotions positives et les bénéfices que cela apportera dans votre vie. Cette visualisation régulière renforcera votre motivation et vous aidera à rester concentré.

6. Récompenser vos efforts : Prévoyez des récompenses pour vous-même lorsque vous atteignez des jalons importants. Cela peut être une pause bien méritée, un petit plaisir ou une activité que vous aimez. Les récompenses renforcent votre motivation intrinsèque et vous donnent quelque chose à anticiper.

7. Réévaluer et ajuster : Faites régulièrement un bilan de vos progrès et ajustez vos objectifs si nécessaire. Parfois, il est important de revoir nos objectifs en fonction des nouvelles circonstances ou des changements dans nos aspirations. Soyez flexible et adaptez-vous en fonction de votre réalité.

En suivant ces stratégies, vous pourrez rester motivé et engagé dans l'atteinte de vos objectifs. N'oubliez pas que la motivation peut fluctuer, mais en restant conscient de vos progrès, en célébrant les réussites et en vous rappelant régulièrement votre vision et votre pourquoi, vous pourrez surmonter les obstacles et poursuivre votre chemin vers la réussite.

- **Une histoire inspirante de réalisation d'un objectif personnel**

Laissez-moi vous raconter l'histoire inspirante d'une connaissance, Awa, originaire du Sénégal, qui a poursuivi son rêve entrepreneurial après avoir terminé ses études.

Après avoir obtenu son diplôme universitaire, Awa a ressenti un profond désir de promouvoir et de partager la richesse de la culture sénégalaise à travers ses produits. Elle avait grandi en appréciant les saveurs et les couleurs vibrantes des épices, des tissus traditionnels et des produits artisanaux de son pays natal, et elle voulait les partager avec le monde entier.

Awa a décidé de se lancer dans l'entreprenariat et de créer une entreprise de vente et de promotion des produits sénégalais. Elle avait peu de ressources financières, mais cela ne l'a pas découragée. Elle a commencé par faire des recherches approfondies sur les produits sénégalais les plus populaires et en demande sur le marché international.

Après avoir identifié les produits les plus prometteurs, Awa a entrepris un voyage au Sénégal pour établir des contacts avec des producteurs locaux. Elle voulait s'assurer que les produits qu'elle allait promouvoir étaient authentiques, de haute qualité et soutenaient les artisans et les agriculteurs locaux.

Armée de sa détermination et de son enthousiasme, Awa a commencé à nouer des partenariats avec des producteurs locaux et à constituer un catalogue de produits sénégalais authentiques, tels que les épices exotiques, les tissus traditionnels, les objets d'artisanat et les produits de beauté naturels.

Mais le chemin vers le succès ne fut pas sans défis pour Awa. Elle a dû surmonter des obstacles tels que la logistique, les barrières linguistiques et les difficultés administratives liées à l'importation et à l'exportation de produits.

Cependant, Awa a fait preuve d'une résilience incroyable. Elle a cherché des solutions créatives, fait appel à des mentors et à des experts du secteur, et a persévéré malgré les revers. Son engagement envers la promotion des produits sénégalais authentiques et de qualité supérieure était plus fort que jamais.

Awa a rapidement commencé à organiser des expositions et des événements pour présenter ses produits sénégalais uniques. Elle a créé une plateforme en ligne attrayante pour faciliter les commandes et les livraisons dans le monde entier. Grâce à sa passion, à son dévouement et à son sens du marketing, l'entreprise d'Awa a commencé à attirer l'attention et à gagner en popularité.

Son entreprise a connu une croissance constante au fil des ans. Aujourd'hui, les produits sénégalais d'Awa sont vendus dans différents pays, et elle continue de travailler en étroite collaboration avec les artisans et les producteurs locaux pour maintenir des normes élevées de qualité et de durabilité.

L'histoire d'Awa est une source d'inspiration pour tous ceux qui aspirent à réaliser leurs objectifs personnels et à promouvoir leur culture et leur héritage. Sa détermination, sa passion et sa volonté de surmonter les obstacles ont été les clés de son succès.

Awa a non seulement créé une entreprise prospère, mais elle a également contribué à la promotion de la culture sénégalaise et à l'autonomisation des artisans locaux.

Son histoire nous rappelle l'importance de suivre nos rêves, de persévérer face aux défis et de mettre nos talents et notre passion au service de quelque chose de plus grand que nous. Grâce à son courage et à sa détermination, Awa a montré que l'entrepreneuriat peut être un moyen puissant de créer un impact positif et de réaliser nos aspirations les plus profondes.

Chapitre 5. Les relations qui nous nourrissent

Les relations humaines jouent un rôle essentiel dans notre bien-être et notre épanouissement personnel. Ce sont des liens qui nous nourrissent et qui ont le pouvoir de nous inspirer, de nous soutenir et de nous élever.

Nous avons tous des personnes spéciales dans nos vies, celles qui nous comprennent vraiment, qui nous acceptent tels que nous sommes, et qui nous encouragent à devenir la meilleure version de nous-mêmes. Ce sont les relations qui nous nourrissent profondément.

Pensons à ces amis proches, membres de la famille ou partenaires de vie qui sont là pour nous, dans les bons moments comme dans les mauvais. Ces personnes avec qui nous partageons des rires, des larmes, des joies et des peines. Ils sont là pour nous écouter, pour nous soutenir et pour nous rappeler que nous ne sommes pas seuls dans ce voyage de la vie.

Ces relations nourrissantes sont un espace sûr où nous pouvons être authentiques et vulnérables, sans craindre d'être jugés. Elles nous offrent un soutien émotionnel et nous aident à traverser les épreuves et les difficultés. Elles sont un rappel constant que nous sommes aimés et appréciés pour qui nous sommes réellement.

Mais les relations nourrissantes ne se limitent pas à notre cercle intime. Elles peuvent aussi inclure des mentors, des enseignants, des collègues ou même des connaissances occasionnelles. Ce sont les personnes qui nous inspirent, qui nous guident et qui nous encouragent à grandir. Elles nous offrent des perspectives nouvelles, des idées stimulantes et des encouragements qui nous aident à repousser nos limites.

Cultiver des relations nourrissantes demande du temps, de l'investissement et de l'ouverture. Cela signifie être présent pour les autres, les écouter activement, les soutenir dans leurs propres aspirations et leur offrir notre soutien inconditionnel. Cela signifie également être réceptif aux besoins des autres et être prêt à donner et à recevoir dans un équilibre harmonieux.

Lorsque nous entretenons des relations nourrissantes, nous créons un environnement propice à notre croissance personnelle et à notre bonheur. Nous sommes entourés de personnes qui croient en nous, qui nous encouragent à réaliser nos rêves et qui nous motivent à atteindre nos objectifs. Ces relations nous apportent un sentiment de connexion, d'appartenance et de significativité.

Pourtant, il est important de souligner que les relations nourrissantes ne sont pas à sens unique. Elles nécessitent un engagement mutuel et un effort constant pour les entretenir et les nourrir. C'est un travail d'équipe où chacun apporte sa contribution et sa bienveillance.

En conclusion, les relations qui nous nourrissent sont des joyaux précieux dans notre vie. Elles sont un soutien essentiel pour notre bien-être émotionnel et notre épanouissement personnel. N'oublions pas de cultiver ces relations précieuses, de les chérir et de les nourrir, car elles sont une source inestimable de bonheur, de croissance et d'amour dans notre existence.

- **L'impact de nos relations sur notre bien-être**

Nos relations ont un impact profond sur notre bien-être émotionnel, mental et même physique. Les liens que nous entretenons avec les autres peuvent façonner notre bonheur, notre estime de soi et notre santé globale. Voici quelques façons dont nos relations influencent notre bien-être :

1. Soutien émotionnel : Les relations saines et positives nous offrent un soutien émotionnel précieux. Avoir des personnes de confiance à qui parler, qui écoutent nos préoccupations, nos joies et nos peines, nous aide à traverser les moments difficiles et à célébrer les réussites. Le soutien émotionnel nous procure un sentiment de sécurité, de réconfort et de compréhension, ce qui renforce notre résilience face aux défis de la vie.

2. Estime de soi : Les relations bienveillantes et positives peuvent renforcer notre estime de soi. Lorsque nous sommes entourés de personnes qui nous apprécient, nous respectent et nous soutiennent, cela nourrit notre confiance en nous-mêmes. Les encouragements, les compliments et les témoignages d'affection de nos proches peuvent renforcer notre sentiment de valeur personnelle et nous aider à développer une image positive de nous-mêmes.

3. Réduction du stress : Les relations sociales saines peuvent agir comme un rempart contre le stress. Les interactions positives avec nos proches, qu'il s'agisse de moments de partage, de rire ou de simples gestes d'affection, libèrent des hormones du bien-être telles que l'ocytocine, qui réduisent le stress et favorisent le sentiment de calme et de sécurité.

4. Santé physique : Des études ont montré que les relations sociales positives sont associées à une meilleure santé physique. Avoir un réseau de soutien social solide est lié à une diminution du risque de maladies cardiovasculaires, de dépression et d'autres problèmes de santé. Les relations positives peuvent également encourager des comportements sains, comme une alimentation équilibrée, une activité physique régulière et des habitudes de sommeil adéquates.

5. Épanouissement personnel : Les relations significatives peuvent jouer un rôle clé dans notre épanouissement personnel. Lorsque nous nous entourons de personnes qui nous inspirent, nous motivent et nous encouragent à poursuivre nos passions et nos objectifs, cela nourrit notre croissance personnelle. Les personnes bienveillantes peuvent nous aider à découvrir nos forces, à surmonter nos faiblesses et à réaliser notre plein potentiel.

6. Sentiment de connexion : Les relations sociales nous procurent un sentiment de connexion et d'appartenance. Nous sommes des êtres sociaux par nature, et le fait d'avoir des liens significatifs avec les autres nous donne un sentiment de communauté et de partage. Ces connexions nous aident à nous sentir compris, acceptés et aimés, ce qui renforce notre bien-être émotionnel.

Il est essentiel de cultiver des relations positives et équilibrées, basées sur la confiance, le respect et la communication ouverte. Investir du temps et de l'énergie dans nos relations, choisir des personnes qui nous soutiennent et nous enrichissent, et être prêt à offrir le même soutien en retour sont des éléments clés pour favoriser notre bien-être grâce à nos relations.

N'oublions pas l'importance de maintenir des liens sociaux significatifs dans notre vie quotidienne, même lorsque les circonstances peuvent rendre cela plus difficile. L'effort que nous investissons dans nos relations en vaut la peine, car elles ont le pouvoir de nous nourrir et de nous élever sur le chemin du bien-être.

- **Cultiver des relations positives et authentiques**

Cultiver des relations positives et authentiques est une clé essentielle pour notre épanouissement personnel et notre bonheur. Lorsque nous construisons des liens sincères et profonds avec les autres, nous créons un environnement propice à la croissance, à la confiance et à l'épanouissement mutuel. Voici quelques conseils pour cultiver des relations positives et authentiques :

1. Soyez vous-même : L'authenticité est la base d'une relation solide. Soyez honnête, ouvert et vulnérable dans vos interactions. Montrez-vous tel que vous êtes, avec vos forces, vos faiblesses et vos imperfections. Les relations authentiques se nourrissent de la véritable essence de chacun.

2. Écoutez activement : Accordez une attention véritable à l'autre personne lorsque vous interagissez. Écoutez attentivement ses paroles, ses émotions et ses besoins. Soyez présent et montrez de l'empathie. Une écoute active renforce la connexion et le respect mutuel.

3. Exprimez votre gratitude : Exprimez régulièrement votre gratitude envers les personnes qui vous entourent. Faites-leur savoir à quel point vous appréciez leur présence, leur soutien et leur impact positif dans votre vie. La gratitude renforce les liens et favorise une atmosphère de bienveillance et de reconnaissance.

4. Communiquez ouvertement : La communication ouverte et honnête est essentielle pour maintenir des relations positives. Exprimez vos sentiments, vos besoins et vos préoccupations de manière respectueuse. Soyez prêt à entendre et à comprendre les points de vue des autres. Une communication claire et constructive favorise la compréhension mutuelle et la résolution des conflits.

5. Partagez des moments de qualité : Investissez du temps et de l'énergie dans vos relations en partageant des moments de qualité avec vos proches. Organisez des activités ensemble, partagez des repas, faites des sorties ou engagez-vous dans des conversations profondes. Ces moments de connexion renforcent les liens et créent des souvenirs précieux.

6. Soutenez les autres : Soyez un soutien actif pour les personnes qui vous entourent. Encouragez leurs rêves, leurs aspirations et leurs réussites. Offrez votre aide et votre écoute lorsque nécessaire. En étant là pour les autres, vous nourrissez une relation de confiance et de solidarité.

7. Établissez des limites saines : Dans toute relation, il est important d'établir des limites claires et saines. Respectez vos propres besoins et valeurs, et assurez-vous que les autres les respectent également. Apprenez à dire "non" lorsque c'est nécessaire et à prendre soin de votre bien-être émotionnel.

En cultivant des relations positives et authentiques, nous créons un réseau de soutien et d'amour qui nous nourrit et nous inspire. Ces relations nous aident à grandir, à surmonter les défis et à célébrer les joies de la vie. N'oubliez pas que les relations sont un investissement précieux qui demande du temps, de l'attention et de l'engagement, mais les récompenses en valent largement la peine.

- **Une expérience personnelle de l'importance des liens positifs dans ma vie**

Il y a quelques années, alors que je me lançais dans une période de transformation personnelle et de développement, j'ai réalisé à quel point les liens positifs étaient essentiels dans ma vie. J'ai été incroyablement chanceux d'avoir des amis qui ont été présents à mes côtés, non seulement pour m'écouter et me soutenir, mais aussi pour m'inspirer à me tirer vers le haut.

Lorsque j'ai partagé mes rêves et mes aspirations avec ces amis, ils ont immédiatement été là pour moi. Ils ont écouté mes idées les plus folles avec attention et enthousiasme. Leur soutien inconditionnel m'a donné la confiance nécessaire pour poursuivre mes objectifs, même lorsque je doutais de moi-même. Leurs encouragements constants et leurs mots inspirants ont allumé une flamme en moi, une motivation inébranlable pour poursuivre mes passions et me dépasser.

Parmi ces amis, il y en a un en particulier qui a eu un impact significatif sur ma vie. Il avait une vision extraordinaire de ce que je pouvais accomplir et il croyait en moi même lorsque j'avais du mal à le faire moi-même. Il a été un véritable mentor, me poussant toujours à repousser mes limites et à me surpasser. Ses conseils avisés et ses encouragements constants ont été une source d'inspiration inestimable.

Cependant, au-delà de mes amis, il y a une personne qui a été un pilier inébranlable dans ma vie : ma sœur. Elle a été mon roc, mon soutien inconditionnel à chaque étape de mon parcours. Lorsque les obstacles semblaient insurmontables, c'était elle qui me rappelait ma force intérieure et qui me donnait le courage de me relever. Sa présence aimante et son soutien indéfectible m'ont permis de continuer à avancer, même lorsque j'étais au bord de l'abandon.

Sans le soutien de mes amis et de ma sœur, le chemin que j'ai entrepris aurait été bien plus difficile. Leurs encouragements, leurs conseils et leur amour m'ont permis de surmonter les moments difficiles et de continuer à progresser. Ils ont été les étoiles qui ont illuminé ma route, me guidant vers la personne que je suis devenue aujourd'hui.

L'importance des liens positifs dans notre vie ne peut être sous-estimée. Ils nous inspirent, nous soutiennent et nous aident à nous relever lorsque nous trébuchons. Ils nous rappellent notre valeur et notre potentiel. Alors, entourez-vous de personnes qui croient en vous, qui vous encouragent et qui vous tirent vers le haut. Leurs liens précieux vous aideront à briller et à réaliser vos rêves les plus audacieux.

Chapitre 6. Prendre soin de soi : corps, esprit et âme

Prendre soin de soi est une priorité essentielle pour notre bien-être global. Cela implique de nourrir notre corps, de cultiver notre esprit et de nourrir notre âme. Voici quelques conseils pour prendre soin de vous dans ces trois dimensions :

1. Prendre soin de son corps : Notre corps est notre véhicule pour vivre pleinement et profiter de la vie. Pour en prendre soin, il est important de :

- Adopter une alimentation équilibrée : Veillez à consommer des aliments nutritifs qui nourrissent votre corps et vous apportent l'énergie nécessaire.

- Faire de l'exercice régulièrement : L'activité physique est essentielle pour maintenir notre santé physique et mentale. Trouvez une activité que vous aimez et intégrez-la dans votre routine.

- Dormir suffisamment : Le sommeil est crucial pour la régénération de notre corps et de notre esprit. Accordez-vous un temps de repos adéquat chaque nuit.

- Prendre soin de votre apparence : Prenez plaisir à vous occuper de votre apparence physique en vous habillant et en vous coiffant selon vos goûts. Cela peut contribuer à renforcer votre confiance et votre estime de soi.

2. Cultiver son esprit : Notre esprit a besoin d'être stimulé et nourri pour se développer et s'épanouir. Voici quelques moyens de le faire :

- Lire et apprendre : Lisez des livres qui vous inspirent, vous enseignent de nouvelles connaissances et vous font réfléchir. Continuez à apprendre et à élargir vos horizons.

- Pratiquer la méditation ou la pleine conscience : Prenez le temps de vous connecter avec vous-même, de calmer votre esprit et de cultiver la présence dans le moment présent.

- Stimuler votre créativité : Engagez-vous dans des activités créatives qui vous passionnent, que ce soit la peinture, l'écriture, la musique ou toute autre forme d'expression artistique.

- Développer des compétences : Fixez-vous des objectifs d'apprentissage et travaillez à développer de nouvelles compétences qui vous intéressent.

3. Nourrir son âme : Prendre soin de son âme signifie se connecter à notre essence la plus profonde et à ce qui nous nourrit spirituellement. Voici quelques moyens d'y parvenir :

- Pratiquer la gratitude : Prenez le temps chaque jour pour exprimer votre gratitude envers les petites et grandes choses de la vie. Cela aide à cultiver une attitude positive et à se connecter à l'abondance présente dans notre existence.

- Cultiver des relations significatives : Entourez-vous de personnes positives et aimantes qui vous soutiennent et vous inspirent. Partagez des moments authentiques et profonds avec eux.

- Consacrer du temps à des activités qui vous apportent de la joie : Identifiez les activités qui nourrissent votre âme, qu'il s'agisse de passer du temps dans la nature, de pratiquer des rituels spirituels ou de participer à des pratiques religieuses.

- Cultiver la bienveillance envers vous-même : Accordez-vous du temps pour vous détendre, vous reposer et vous ressourcer.

Pratiquez l'auto-compassion et traitez-vous avec gentillesse.

Prendre soin de soi dans ces trois dimensions - corps, esprit et âme - est une invitation à se traiter avec amour et respect. En consacrant du temps et de l'énergie à notre bien-être global, nous créons les conditions propices à notre épanouissement personnel et à une vie équilibrée et épanouissante.

- **L'équilibre entre le bien-être physique, mental et spirituel**

L'équilibre entre le bien-être physique, mental et spirituel est essentiel pour cultiver une vie harmonieuse et épanouissante. Dans ma quête personnelle de cet équilibre, j'ai découvert l'importance de trouver des pratiques qui me nourrissent dans ces trois dimensions.

Il y a quelques années, j'ai décidé d'explorer différentes pratiques pour améliorer mon bien-être global. Parmi celles-ci, le yoga a suscité ma curiosité. J'ai entendu parler de ses nombreux bienfaits pour le corps et l'esprit, et j'ai décidé de me lancer. Cependant, au fil des séances de yoga, j'ai réalisé que cette pratique ne me correspondait pas pleinement.

Bien que je reconnaisse ses avantages pour la flexibilité et la force physique, je n'ai pas ressenti cette connexion profonde entre mon corps et mon esprit que j'espérais trouver.

C'est alors que j'ai découvert la méditation. Au début, je me suis dit que c'était une pratique trop calme et immobile pour moi. Mais, par curiosité et ouverture d'esprit, j'ai décidé de lui donner une chance. Et quelle révélation ce fut ! La méditation a été un véritable pont entre mon corps, mon mental et ma dimension spirituelle.

Lorsque je m'assois en méditation, je prends conscience de ma respiration, de mes sensations corporelles et des pensées qui traversent mon esprit. C'est un moment de présence totale où je peux observer ces différents aspects de moi-même sans jugement. Petit à petit, j'ai commencé à ressentir une harmonie entre mon corps et mon esprit, une intégration profonde de mes expériences et de mes émotions.

La méditation m'a permis de cultiver une plus grande conscience de moi-même, de mes besoins et de mes aspirations les plus profondes. Elle m'a également ouvert à une dimension spirituelle, à une connexion avec quelque chose de plus vaste que moi-même. Cela ne se limite pas à une pratique religieuse, mais plutôt à une ouverture à la transcendance, à la recherche de sens et de connexion avec le monde qui m'entoure.

Cette expérience personnelle m'a enseigné l'importance de rester ouvert à l'expérimentation et de trouver les pratiques qui résonnent le plus avec moi. Chacun de nous est unique, avec des besoins et des chemins différents vers l'équilibre et le bien-être. Il est essentiel d'explorer, d'essayer de nouvelles choses et de rester à l'écoute de ce qui nous nourrit réellement.

En trouvant cet équilibre entre le bien-être physique, mental et spirituel, nous pouvons vivre une vie plus épanouissante, où nous sommes en harmonie avec nous-mêmes et avec le monde qui nous entoure.

Que ce soit à travers le yoga, la méditation ou d'autres pratiques, trouvez ce qui vous permet de vous connecter à votre être le plus profond et de cultiver un équilibre durable dans votre vie.

- **Des pratiques d'auto-soin pour se ressourcer**

Prendre le temps de pratiquer l'auto-soin est une merveilleuse façon de se ressourcer et de prendre soin de soi-même. Voici quelques pratiques d'auto-soin qui peuvent vous aider à vous ressourcer :

1. Prendre un bain relaxant : Remplissez votre baignoire d'eau chaude, ajoutez des sels de bain, des huiles essentielles ou des boules effervescentes. Laissez-vous immerger dans cette chaleur réconfortante et accordez-vous un moment de détente.

2. Méditer ou pratiquer la pleine conscience : Trouvez un endroit calme, asseyez-vous confortablement et concentrez-vous sur votre respiration. Laissez vos pensées venir et repartir sans vous y attacher. La méditation ou la pleine conscience peuvent apaiser votre esprit et vous aider à vous reconnecter à l'instant présent.

3. Faire une pause dans la nature : Sortez à l'extérieur, que ce soit dans un parc, en forêt ou près d'un lac. Marchez lentement, respirez profondément et observez la beauté de la nature qui vous entoure. Se connecter à la nature peut être une source de calme et de ressourcement profond.

4. Pratiquer le yoga ou l'exercice physique : Faites une séance de yoga à la maison ou inscrivez-vous à un cours. Le yoga combine des postures, des mouvements fluides et la respiration pour renforcer votre corps et calmer votre esprit. Si le yoga ne vous convient pas, choisissez une activité physique qui vous plaît et qui vous permet de vous déconnecter du stress quotidien.

5. Écrire dans un journal : Prenez quelques minutes chaque jour pour écrire dans un journal. Vous pouvez y noter vos pensées, vos sentiments, vos gratitudes ou même vos objectifs. Cette pratique permet de libérer vos émotions, de clarifier vos pensées et de vous centrer sur vous-même.

6. Créer quelque chose : Laissez libre cours à votre créativité en peignant, dessinant, écrivant, jouant d'un instrument de musique ou en faisant toute autre activité artistique qui vous passionne. Le processus de création peut être à la fois méditatif et nourrissant pour l'âme.

7. Prendre soin de votre corps : Accordez-vous des moments de douceur en vous offrant un massage, en prenant le temps de vous étirer, en pratiquant des techniques de relaxation ou en vous chouchoutant avec des soins pour le corps, tels que l'application d'une crème hydratante ou l'utilisation d'un masque facial.

8. Passer du temps avec des êtres chers : Entourez-vous de personnes qui vous apportent du soutien, de la joie et de l'amour. Organisez des moments de partage, d'échange et de rire avec vos proches. Les relations positives nourrissent l'âme et peuvent être une source de réconfort et de revitalisation.

L'auto-soin est un acte d'amour envers soi-même. N'oubliez pas de vous accorder ces moments précieux pour vous ressourcer et vous revitaliser. Chacune de ces pratiques d'auto-soin peut être adaptée à vos préférences et à votre

emploi du temps. Trouvez celles qui vous conviennent le mieux et intégrez-les régulièrement dans votre quotidien pour prendre soin de vous-même de manière holistique.

- **Comment j'ai appris à prendre soin de moi-même après une période de surmenage**

Il y a quelque temps de cela, j'ai traversé une période de surmenage intense. J'étais constamment occupé, jonglant avec de multiples responsabilités et la pression commençait à prendre son péage sur mon bien-être physique et mental. Je me suis rendu compte que je ne prenais pas suffisamment soin de moi-même, et cela m'a conduit à une profonde réflexion sur l'importance de l'auto-soin.

La première étape a été de reconnaître que je devais changer ma façon de vivre. J'ai pris conscience que sacrifier constamment mon bien-être au profit de mes obligations n'était pas viable à long terme. J'ai réalisé que pour être réellement efficace et épanoui, je devais commencer par prendre soin de moi-même.

J'ai commencé par m'accorder des moments de repos et de détente. Je me suis engagé à dormir suffisamment, à prendre des pauses régulières pendant mes journées chargées et à planifier des activités de loisirs qui me ressourçaient. Cela comprenait des promenades dans la nature, la lecture de livres inspirants et la pratique de la méditation.

Ensuite, j'ai cherché à établir des limites claires dans ma vie. J'ai appris à dire "non" lorsque cela était nécessaire, à déléguer certaines tâches et à me concentrer sur les priorités les plus importantes. En établissant ces limites, j'ai pu alléger ma charge de travail et créer un espace pour me consacrer à moi-même.

J'ai également exploré différentes pratiques d'auto-soin pour nourrir mon corps et mon esprit. J'ai découvert les bienfaits du yoga et de l'exercice physique régulier pour réduire le stress et améliorer mon énergie. J'ai incorporé des moments de méditation dans ma routine quotidienne pour cultiver la clarté mentale et la paix intérieure.

Enfin, j'ai cherché un soutien et une connexion avec les autres. J'ai partagé mon expérience avec des proches de confiance, qui m'ont apporté écoute et soutien. J'ai également rejoint des groupes de soutien et participé à des activités communautaires qui ont nourri mon besoin de connexion sociale.

Au fil du temps, j'ai réalisé que prendre soin de moi-même était une priorité absolue. Non seulement cela m'a aidé à récupérer de ma période de surmenage, mais cela a également amélioré ma capacité à gérer le stress et à maintenir un équilibre sain dans ma vie.

Apprendre à prendre soin de moi-même a été un voyage d'exploration et d'ajustement constant. J'ai compris qu'il était essentiel de me donner la permission de prendre du temps pour moi, de me traiter avec bienveillance et de nourrir mon bien-être physique, mental et émotionnel.

Aujourd'hui, je suis reconnaissant d'avoir appris ces leçons précieuses. Je continue à honorer mon besoin d'auto-soin, en sachant que cela me permet d'être la meilleure version de moi-même, tant pour moi que pour les autres.

Chapitre 7. Gérer notre temps pour une vie épanouissante

La gestion du temps est un élément clé pour mener une vie épanouissante et équilibrée. Il est facile de se laisser submerger par les exigences de la vie quotidienne, mais en apprenant à gérer notre temps de manière efficace, nous pouvons créer plus d'espace pour les activités qui nous tiennent à cœur et nous apportent de la joie.

Une des premières étapes pour gérer notre temps de manière efficace est de définir nos priorités. Prenez le temps de réfléchir à ce qui est vraiment important pour vous, que ce soit votre carrière, votre famille, vos passions ou votre développement personnel. Identifiez ces domaines clés et allouez-leur du temps dans votre emploi du temps.

Une autre stratégie efficace est de planifier à l'avance. Prenez l'habitude de créer un calendrier ou un agenda hebdomadaire où vous pouvez organiser vos activités et tâches. Cela vous permettra de visualiser votre semaine à venir et d'optimiser votre temps en fonction de vos priorités.

Il est également important d'apprendre à dire "non" lorsque cela est nécessaire. Souvent, nous nous sentons obligés d'accepter toutes les demandes qui nous sont faites, ce qui peut entraîner un surbooking et une perte de contrôle sur notre temps. Apprenez à évaluer les demandes qui vous sont faites et à dire "non" aux activités qui ne correspondent pas à vos priorités ou qui risquent de vous épuiser.

La gestion du temps efficace implique également de reconnaître nos propres rythmes et de respecter nos limites. Chacun a des moments de la journée où il est plus productif et énergique. Identifiez ces moments et planifiez vos tâches les plus exigeantes ou les plus importantes pendant ces périodes de pic de performance. De même, accordez-vous des moments de pause et de récupération pour éviter l'épuisement.

Une autre astuce précieuse est d'éviter les distractions inutiles. Les médias sociaux, les notifications incessantes sur nos téléphones et les interruptions constantes peuvent détourner notre attention et nous faire perdre un temps précieux. Essayez de limiter votre exposition aux distractions et de créer des moments dédiés pour répondre aux messages et aux e-mails.

Enfin, n'oubliez pas de vous accorder du temps pour vous-même. Prendre soin de votre bien-être physique, mental et émotionnel est essentiel pour maintenir un équilibre dans votre vie. Planifiez des moments de détente, de loisirs et de ressourcement personnel. Cela peut inclure la pratique d'une activité que vous aimez, la lecture d'un livre inspirant, la méditation ou simplement le fait de passer du temps en nature.

En gérant efficacement notre temps, nous pouvons créer une vie épanouissante où nous nous sentons en contrôle, accomplis et alignés avec nos valeurs et nos aspirations. Cela demande de la discipline, de la clarté et parfois même de faire des choix difficiles, mais les récompenses en valent la peine. Alors, prenez le temps de planifier, de vous organiser et de gérer votre temps de manière intentionnelle, et observez comment cela transforme votre vie pour le mieux.

- **Les pièges de la procrastination et de la surcharge**

La procrastination et la surcharge sont deux pièges courants qui peuvent entraver notre productivité, notre bien-être et notre épanouissement personnel. Ils peuvent nous faire perdre un temps précieux et nous laisser avec un sentiment de stress et d'insatisfaction. Il est important de reconnaître ces pièges et de mettre en place des stratégies pour les surmonter.

La procrastination, c'est le report systématique des tâches importantes ou des décisions à prendre. Nous avons tous connu ces moments où nous remettons à plus tard ce que nous devrions faire aujourd'hui. Parfois, cela est dû à la peur de l'échec ou de ne pas être à la hauteur, parfois c'est simplement le résultat d'un manque de motivation ou de concentration.

Pour lutter contre la procrastination, il est utile de commencer par comprendre les raisons qui nous poussent à remettre les choses à plus tard. Est-ce la peur de l'échec ou le perfectionnisme qui nous retient ? Est-ce que la tâche semble écrasante ou ennuyeuse ? En identifiant ces facteurs, nous pouvons trouver des moyens de les surmonter.

Une approche efficace pour lutter contre la procrastination est de se fixer des objectifs clairs et réalisables. Divisez les tâches en petites étapes et fixez-vous des échéances réalistes. Cela rendra la tâche plus gérable et vous aidera à rester motivé en constatant les progrès accomplis.

Il est également important de créer un environnement propice à la concentration. Éliminez les distractions, que ce soit les notifications de votre téléphone, les réseaux sociaux ou les interruptions constantes. Trouvez un espace calme et organisez votre temps de manière à vous consacrer pleinement à la tâche à accomplir.

La surcharge, quant à elle, survient lorsque nous accumulons trop de responsabilités ou de tâches dans un laps de temps limité. Nous nous sentons submergés et débordés, ce qui peut nuire à notre productivité et à notre bien-être. Pour éviter la surcharge, il est important de pratiquer une gestion proactive de notre emploi du temps.

Apprenez à dire "non" lorsque vous vous sentez dépassé ou lorsque les demandes excèdent votre capacité à les gérer. Établissez des priorités claires et concentrez-vous sur les tâches les plus importantes. N'hésitez pas à déléguer certaines tâches ou à demander de l'aide lorsque cela est nécessaire. Rappelez-vous que vous n'êtes pas obligé de tout faire seul.

Une autre stratégie efficace pour éviter la surcharge est de planifier régulièrement des moments de repos et de récupération. Accordez-vous des pauses dans votre journée pour vous ressourcer et rechargez vos batteries. Prenez également soin de votre bien-être physique et mental en pratiquant des activités qui vous détendent et vous revitalisent.

Enfin, soyez réaliste quant à ce que vous pouvez accomplir dans un temps donné. Évitez de surcharger votre emploi du temps et de vous imposer des attentes irréalistes. Apprenez à évaluer votre charge de travail et à vous allouer suffisamment de temps pour chaque tâche.

La procrastination et la surcharge peuvent

être des défis à surmonter, mais en adoptant des stratégies efficaces, nous pouvons les gérer et retrouver un sentiment de contrôle et d'équilibre dans notre vie. Restez conscient de vos habitudes de procrastination, apprenez à vous organiser efficacement, et n'oubliez pas de prendre soin de vous-même tout au long du processus.

- **Des conseils pratiques pour une gestion efficace du temps**

Voici quelques conseils pratiques pour une gestion efficace du temps :

1. Planifiez votre journée : Prenez quelques minutes chaque matin ou la veille pour planifier vos tâches et activités pour la journée. Priorisez les tâches les plus importantes et allouez-leur du temps dans votre emploi du temps.

2. Utilisez une liste de tâches : Créez une liste de tâches pour garder une trace de ce que vous devez accomplir. Classez les tâches par ordre de priorité et cochez-les au fur et à mesure de leur réalisation. Cela vous aidera à rester organisé et à ne pas oublier les tâches importantes.

3. Évitez la surcharge : Soyez réaliste quant au nombre de tâches que vous pouvez accomplir dans une journée. Ne surchargez pas votre emploi du temps, car cela peut entraîner du stress et une baisse de productivité. Apprenez à dire "non" aux tâches qui ne correspondent pas à vos priorités ou qui risquent de vous submerger.

4. Utilisez des outils de gestion du temps : Utilisez des outils tels que des applications de gestion de tâches, des calendriers électroniques ou des agendas pour vous aider à planifier et à suivre votre emploi du temps. Ces outils peuvent vous rappeler les tâches à accomplir et vous aider à rester organisé.

5. Évitez les distractions : Identifiez les principales sources de distraction dans votre vie, comme les médias sociaux, les e-mails ou les notifications sur votre téléphone. Établissez des périodes de travail sans distractions en désactivant les notifications ou en mettant votre téléphone en mode silencieux. Concentrez-vous sur la tâche à accomplir pour maximiser votre productivité.

6. Utilisez des techniques de gestion du temps : Explorez des techniques de gestion du temps telles que la technique Pomodoro, qui consiste à travailler pendant des périodes de temps définies suivies de courtes pauses. Cela peut vous aider à maintenir votre concentration et à éviter la fatigue mentale.

7. Développez votre capacité à prendre des décisions : Ne vous attardez pas trop sur les petites décisions. Apprenez à prendre des décisions rapidement et à vous y tenir. Cela vous permettra de gagner du temps et d'éviter la procrastination.

8. Pratiquez la délégation : Si vous êtes débordé, envisagez de déléguer certaines tâches à d'autres personnes. Apprenez à faire confiance à votre équipe ou à votre entourage pour vous soutenir dans vos responsabilités.

9. Prenez des pauses régulières : Accordez-vous des pauses régulières pour vous reposer et recharger vos batteries. Les pauses vous permettent de vous ressourcer et de maintenir votre productivité à long terme.

10. Faites preuve de flexibilité : Soyez ouvert au changement et prêt à ajuster votre emploi du temps en fonction des imprévus ou des nouvelles priorités. La flexibilité est importante pour s'adapter aux défis et pour éviter le stress inutile.

En pratiquant ces conseils et en développant de bonnes habitudes de gestion du temps, vous serez en mesure de maximiser votre productivité, de réduire le stress et de profiter davantage de votre temps.

- **Une anecdote sur la façon dont j'ai transformé ma relation avec le temps**

Il y a quelques années, je me suis retrouvé pris dans un tourbillon incessant d'activités et d'obligations. Mon esprit était constamment préoccupé par le passé et l'avenir, et je me sentais souvent submergé par la pression du temps. Je courais d'une tâche à l'autre, sans vraiment profiter du moment présent.

Cependant, tout a changé lorsque j'ai découvert le livre "Le pouvoir du moment présent" d'Eckhart Tolle. Ce livre m'a ouvert les yeux sur la beauté et la puissance de vivre pleinement dans le moment présent. J'ai commencé à réaliser que mon obsession du temps était en réalité une illusion qui me privait de la joie et de la paix intérieure.

À partir de ce moment-là, j'ai décidé de transformer ma relation avec le temps. J'ai commencé à pratiquer la pleine conscience et à porter une attention consciente à chaque instant de ma vie. Plutôt que de me laisser emporter par les préoccupations passées ou futures, j'ai appris à m'ancrer dans le moment présent, à savourer les petits plaisirs de la vie et à être pleinement présent dans mes interactions avec les autres.

Cela ne signifiait pas que je négligeais mes responsabilités ou que j'abandonnais mes objectifs. Au contraire, en étant pleinement présent et conscient, j'ai pu me concentrer plus efficacement sur les tâches à accomplir. J'ai appris à reconnaître les moments où j'avais besoin de faire une pause, de me recharger et de prendre soin de moi-même.

Une anecdote mémorable qui illustre cette transformation est lorsque j'ai décidé de prendre une journée entière pour moi, sans agenda ni obligations. J'ai choisi de passer la journée dans la nature, à marcher tranquillement dans un parc à proximité. Pendant cette journée, j'ai fait l'expérience d'une profonde connexion avec le monde qui m'entourait. J'ai remarqué les détails subtils de la nature, les couleurs vibrantes des fleurs, le chant des oiseaux et la sensation apaisante du vent sur ma peau.

Ce moment de présence totale m'a procuré une immense paix intérieure. J'ai réalisé que le temps n'était pas mon ennemi, mais plutôt un cadeau précieux à savourer. J'ai appris à apprécier chaque instant et à cultiver la gratitude pour les petites joies de la vie.

Depuis lors, j'ai continué à intégrer cette nouvelle perspective dans ma vie quotidienne. Je pratique régulièrement la méditation et la pleine conscience pour rester ancré dans le moment présent. J'ai également appris à être plus sélectif dans mes engagements et à donner la priorité aux activités qui me nourrissent et me donnent de la joie.

Cette transformation de ma relation avec le temps a eu un impact profond sur ma vie. Je suis plus calme, plus équilibré et plus conscient de chaque instant précieux. Je ne suis plus esclave du temps, mais plutôt un compagnon qui danse avec lui.

Chapitre 8. L'apprentissage continu : une croissance sans fin

- **L'importance de l'apprentissage tout au long de la vie**

Lorsque je me suis retrouvé à un carrefour dans ma vie, j'ai eu le sentiment que je tournais en rond. J'avais le désir profond d'explorer de nouvelles possibilités et d'élargir mes horizons. Je savais que l'apprentissage d'une nouvelle langue pourrait être une clé pour ouvrir de nombreuses portes et me connecter à des opportunités passionnantes.

Après mûre réflexion, j'ai décidé de me lancer dans l'apprentissage de l'anglais. Je savais que c'était une langue internationale, largement utilisée dans les domaines de la communication, des affaires et de la culture. Je voyais l'anglais comme un pont vers de nouvelles expériences, de nouvelles amitiés et de nouvelles connaissances.

Cependant, ce n'était pas une décision facile. J'ai dû surmonter mes propres doutes et appréhensions. Je me demandais si j'étais capable d'apprendre une nouvelle langue à mon âge, si je pouvais trouver le temps et l'énergie nécessaires pour me consacrer à cet apprentissage. Mais au fond de moi, je savais que je devais saisir cette opportunité.

J'ai commencé modestement, en utilisant des applications d'apprentissage de langues et en pratiquant régulièrement les bases de la grammaire et du vocabulaire. Chaque jour, je me fixais de petits objectifs d'apprentissage et je m'efforçais de les atteindre. Cela n'a pas toujours été facile. Il y avait des moments de frustration et de découragement, mais j'ai persévéré.

Une anecdote qui reste gravée dans ma mémoire est la première fois où j'ai pu avoir une conversation fluide en anglais avec un locuteur natif. J'étais en voyage à l'étranger et j'ai rencontré une personne qui ne parlait que l'anglais. J'ai rassemblé tout mon courage et j'ai entamé une conversation avec elle. Au début, j'étais nerveux et hésitant, mais à ma grande surprise, nous avons pu communiquer de manière fluide et naturelle. Cette expérience m'a donné une grande confiance en mes capacités et m'a motivé à poursuivre mon apprentissage.

Au fil du temps, mon niveau d'anglais s'est amélioré de manière significative. J'ai commencé à lire des livres en anglais, à regarder des films et des séries dans leur version originale, et à participer à des conversations plus complexes. L'apprentissage de l'anglais m'a également ouvert des portes professionnelles. J'ai pu saisir des opportunités de travail dans des contextes internationaux et interagir avec des personnes du monde entier.

Ce voyage d'apprentissage continu de l'anglais m'a appris beaucoup plus que la langue elle-même. J'ai développé des compétences en matière de résilience, de persévérance et de confiance en moi. J'ai appris à sortir de ma zone de confort et à embrasser l'inconnu avec curiosité et enthousiasme.

Aujourd'hui, je suis reconnaissant d'avoir pris la décision d'apprendre une nouvelle langue. Cela a enrichi ma vie de manière inimaginable. Je continue d'apprendre et de grandir, car je crois fermement que l'apprentissage est un voyage sans fin. Chaque nouvelle compétence acquise ouvre la porte à de nouvelles opportunités et à de nouvelles découvertes. Et c'est dans cette quête constante de croissance que je trouve une profonde satisfaction et un épanouissement personnel.

Les pouvoirs incroyables des affirmations et de la visualisation créatrice.

Lors de mon propre parcours de développement personnel, j'ai découvert les pouvoirs incroyables des affirmations et de la visualisation créatrice. Au début, j'étais un peu sceptique quant à leur efficacité, mais j'ai décidé de leur donner une chance et de les intégrer dans ma vie quotidienne.

J'ai commencé par explorer différentes affirmations positives, des déclarations courtes et puissantes qui reflétaient mes objectifs, mes aspirations et mes valeurs les plus profondes.

Chaque matin, je prenais quelques instants pour me répéter ces affirmations, en me concentrant sur les mots et en m'efforçant de ressentir leur vérité en moi.

Au fil du temps, j'ai remarqué que ces affirmations commençaient à imprégner ma conscience, à modifier ma perception de moi-même et de ce que je pouvais accomplir.

La visualisation créatrice a été un autre outil précieux dans mon cheminement. J'ai commencé à consacrer régulièrement du temps à imaginer clairement mes objectifs et mes aspirations, en utilisant tous mes sens pour créer une image vivante dans mon esprit.

Je me visualisais dans des situations réussies, en ressentant les émotions positives associées à ces réalisations. Cette pratique m'a aidé à renforcer ma confiance en moi et à clarifier mes intentions, en créant un puissant alignement entre mon esprit, mes émotions et mes actions.

Au fil du temps, j'ai constaté que l'intégration régulière des affirmations et de la visualisation créatrice dans ma vie avait un impact profond. Non seulement j'ai commencé à me sentir plus positif et confiant, mais j'ai également remarqué des changements tangibles dans ma réalité. J'ai attiré de nouvelles opportunités, rencontré des personnes alignées sur mes aspirations et accompli des objectifs que je pensais auparavant inatteignables.

Bien sûr, ce n'est pas une formule magique instantanée. Cela demande de la persévérance, de la pratique et de la foi en soi-même. Parfois, j'ai rencontré des moments de doute et de découragement, mais j'ai persisté, en me rappelant l'immense pouvoir que ces pratiques peuvent avoir dans ma vie.

Aujourd'hui, les affirmations et la visualisation créatrice sont des outils précieux que j'utilise régulièrement pour maintenir une mentalité positive, renforcer ma confiance et manifester mes aspirations. Ils m'ont permis de cultiver un état d'esprit de possibilités illimitées et de me connecter à ma véritable essence créatrice.

Je suis convaincu que chacun peut bénéficier de l'intégration des affirmations et de la visualisation créatrice dans sa propre vie. Ce sont des pratiques simples mais puissantes qui peuvent transformer notre perception de nous-mêmes et du monde qui nous entoure.

Je vous encourage à les essayer vous-même et à découvrir leur impact transformateur dans votre propre parcours de croissance personnelle.

L'importance de l'imagination créatrice dans la réalisation de nos objectifs et de nos rêves.

Après avoir lu le livre inspirant de Napoléon Hill, "Les Chemins de la Richesse", j'ai été profondément marqué par l'importance de l'imagination créatrice dans la réalisation de nos objectifs et de nos rêves. Hill explique comment notre imagination est un outil puissant qui peut nous aider à façonner notre réalité et à attirer les opportunités et les ressources nécessaires pour atteindre le succès.

Inspiré par les enseignements de Hill, j'ai décidé de cultiver mon imagination créatrice et de l'appliquer dans ma vie quotidienne. J'ai commencé par m'entraîner à visualiser clairement mes objectifs et mes aspirations, en utilisant tous mes sens pour créer une image vivante de ce que je souhaitais réaliser. Je me suis immergé dans ces visualisations, en ressentant les émotions positives associées à la réalisation de mes désirs.

Au fur et à mesure que je pratiquais régulièrement cette technique, j'ai remarqué que mon imagination devenait de plus en plus vive et puissante. Je pouvais voir clairement les détails de mes visions et ressentir une connexion profonde avec elles. Cette pratique m'a permis de clarifier mes intentions et de renforcer ma foi en la réalisation de mes aspirations.

Mais l'imagination créatrice ne se limite pas seulement à la visualisation. J'ai également exploré d'autres formes d'expression créative pour nourrir mon esprit imaginatif. J'ai commencé à écrire des histoires, à peindre, à jouer de la musique, à pratiquer la danse... Toutes ces activités m'ont permis d'explorer de nouvelles possibilités, de libérer ma créativité et d'élargir les horizons de mon imagination.

Au fil du temps, j'ai constaté que cette pratique de l'imagination créatrice avait un impact profond sur ma vie. Non seulement j'ai pu clarifier mes objectifs et mes aspirations, mais j'ai également attiré de nouvelles opportunités et des rencontres significatives qui étaient alignées sur mes désirs les plus profonds.

L'expérience de développer mon imagination créatrice après avoir lu "Les Chemins de la Richesse" a été une véritable révélation pour moi. Cela m'a ouvert les yeux sur le pouvoir de l'esprit humain et sur notre capacité à créer notre réalité grâce à notre imagination et à notre foi en nos rêves.

Je continue d'explorer et de développer mon imagination créatrice chaque jour. C'est un voyage passionnant et stimulant qui me permet de repousser les limites de mes possibilités et de vivre une vie remplie de créativité, d'inspiration et de réussite.

Je vous encourage vivement à plonger dans le monde de l'imagination créatrice et à explorer votre propre potentiel illimité. Laissez votre esprit vagabonder, rêvez grand et croyez fermement en vos capacités à réaliser vos aspirations les plus profondes. Vous serez surpris de voir à quel point votre imagination peut transformer votre réalité et vous guider vers une vie épanouissante et gratifiante.

Les échecs ne sont que des obstacles menant vers d'autres opportunités.

Lorsque j'ai décidé de me lancer dans l'aventure de la création d'un site internet pour vendre des œuvres d'art, je pensais que tout serait facile. Je voulais exploiter les avantages qu'offrait Internet et créer une plateforme où les artistes pourraient partager leur talent avec le monde entier. Cependant, les devis que j'ai reçus pour développer le site étaient incroyablement élevés, bien au-delà de mes moyens.

Au début, j'ai été découragé et j'ai pensé abandonner l'idée. Je me suis dit que peut-être ce n'était pas fait pour moi, que je n'avais pas les compétences ni les ressources nécessaires pour mener à bien ce projet. Mais quelque chose au fond de moi refusait de laisser tomber. J'étais déterminé à trouver une solution, même si cela signifiait apprendre de nouvelles compétences par moi-même.

C'est alors que j'ai commencé à chercher des tutoriels sur YouTube, à lire des articles en ligne et à me renseigner sur les différentes options disponibles pour créer un site web. C'est ainsi que j'ai découvert Prestashop, une plateforme de commerce électronique open source. C'était exactement ce dont j'avais besoin, une solution abordable et personnalisable.

Je dois admettre que l'apprentissage du système Prestashop a été une véritable galère. Il y avait tellement de fonctionnalités et de paramètres à comprendre, et il m'a fallu des heures de recherche et d'expérimentation pour me familiariser avec l'interface. Mais je suis resté persévérant, convaincu que cette compétence valait la peine d'être acquise.

Finalement, après des semaines de travail acharné, j'ai réussi à mettre en place ma boutique en ligne. Bien que les choses ne se soient pas déroulées exactement comme je l'avais imaginé, je suis fier d'avoir surmonté les obstacles et d'avoir créé quelque chose de tangible de mes propres mains.

Ce qui est encore plus intéressant, c'est que cette expérience de construction de boutiques en ligne m'a ouvert de nouvelles opportunités. J'ai pu aider d'autres entrepreneurs à créer leurs propres sites web, et j'ai même lancé ma propre entreprise de services de développement web. Tout cela grâce à cette compétence que j'ai acquise en persévérant face aux difficultés.

Cette expérience m'a enseigné une leçon précieuse : l'échec peut être une véritable source d'apprentissage et de croissance. Même si les choses ne se passent pas comme prévu, chaque défi rencontré sur mon chemin m'a permis d'acquérir de nouvelles compétences, de développer ma résilience et de renforcer ma détermination.

Alors, n'ayez pas peur de vous lancer dans des projets ambitieux, même si vous n'avez pas toutes les compétences requises au départ. Soyez prêt à apprendre, à faire face aux défis et à vous adapter lorsque les choses ne se passent pas comme prévu. Rappelez-vous que chaque échec est une occasion de grandir et de vous rapprocher un peu plus de vos objectifs.

Je suis reconnaissant d'avoir eu cette expérience de création de mon propre site web, car elle m'a permis de développer des compétences précieuses et de comprendre que même lorsque les choses ne se passent pas comme prévu, il y a toujours une opportunité d'apprendre et de grandir.

Un voyage d'apprentissage ne se termine jamais

L'apprentissage tout au long de la vie est une notion qui résonne profondément en moi. Je crois fermement que notre voyage d'apprentissage ne se termine jamais, peu importe notre âge ou notre stade de vie. Chaque jour offre de nouvelles occasions d'explorer, de découvrir et de grandir.

L'une des raisons pour lesquelles je trouve l'apprentissage continu si précieux est qu'il nous permet de rester curieux et ouverts d'esprit. En nous engageant dans de nouvelles expériences et en acquérant de nouvelles connaissances, nous élargissons notre perspective sur le monde qui nous entoure. Nous sommes en mesure d'appréhender les défis et les opportunités avec une plus grande agilité mentale, et nous sommes mieux préparés à faire face aux exigences changeantes de notre époque.

L'apprentissage tout au long de la vie nous permet également de nous épanouir sur le plan personnel. En recherchant activement de nouvelles compétences ou en approfondissant nos connaissances dans des domaines qui nous passionnent, nous nourrissons notre esprit et notre âme. Cela peut prendre la forme d'études formelles, de lectures, de rencontres inspirantes avec des personnes qui partagent nos intérêts, ou même de voyages et d'explorations.

Une anecdote personnelle qui illustre l'importance de l'apprentissage tout au long de la vie est lorsque j'ai décidé de me plonger dans l'apprentissage de la photographie. À l'époque, je n'avais aucune expérience dans ce domaine, mais j'étais fasciné par l'art de capturer des moments précieux à travers une lentille. J'ai suivi des cours, lu des livres et passé de nombreuses heures à pratiquer et à expérimenter.

Au fur et à mesure que je me suis plongé dans l'apprentissage de la photographie, j'ai découvert un nouveau monde de créativité et d'expression personnelle. Chaque cliché que je prenais était une occasion d'apprendre et de grandir, d'affiner ma technique et de développer mon sens artistique. Mais plus que cela, la photographie m'a permis de voir le monde qui m'entoure avec un regard neuf et attentif. J'ai commencé à remarquer les petits détails, les jeux de lumière, les émotions figées dans une image. Cela a enrichi ma vie de manière inattendue, en me connectant plus profondément à la beauté et à la diversité qui nous entourent.

L'apprentissage tout au long de la vie peut prendre de nombreuses formes différentes, selon nos intérêts et nos passions. Cela peut être l'apprentissage d'une nouvelle compétence professionnelle, la découverte d'une nouvelle langue, l'exploration d'une discipline artistique, l'étude de la philosophie ou de la spiritualité, ou même l'approfondissement de notre compréhension des enjeux mondiaux et sociaux.

L'essentiel est de rester ouvert à l'apprentissage, de cultiver notre curiosité et de continuer à grandir. Chaque nouvelle compétence acquise ou chaque nouvelle connaissance assimilée enrichit notre vie et nous donne les outils nécessaires pour nous adapter et prospérer dans un monde en constante évolution. Alors, engageons-nous dans un voyage d'apprentissage sans fin, avec enthousiasme et passion, et embrassons les possibilités infinies qui s'offrent à nous tout au long de notre vie.

Toujours à l'écoute de nouvelles aventures

Explorer de nouvelles compétences et passions est une aventure passionnante qui nous permet de nous découvrir et de nous épanouir davantage. Lorsque nous sommes ouverts à l'exploration, nous avons la possibilité de développer de nouveaux talents, d'élargir nos horizons et de trouver une source profonde de joie et de satisfaction.

J'ai moi-même eu l'occasion d'explorer différentes compétences et passions au fil des années, et cela a eu un impact significatif sur ma vie. Une anecdote qui me vient à l'esprit est quand j'ai décidé de me plonger dans la cuisine et d'apprendre à préparer des plats exotiques. J'ai toujours été fasciné par les saveurs et les cultures culinaires du monde, et j'ai décidé de me lancer dans cet univers coloré et délicieux.

Au début, je me suis concentré sur des recettes simples, en suivant des tutoriels en ligne et en expérimentant différentes combinaisons d'ingrédients. Petit à petit, j'ai acquis de l'assurance et de l'expertise, et j'ai commencé à créer mes propres plats en m'inspirant des traditions culinaires du monde entier.

Ce voyage culinaire m'a permis de développer ma créativité et ma sensibilité aux saveurs. J'ai découvert de nouveaux ingrédients, des techniques de cuisson innovantes et des recettes uniques qui sont devenues mes favoris. Plus important encore, la cuisine est devenue une véritable passion pour moi. Préparer des repas est devenu un moment de détente, de créativité et de partage avec mes proches.

En explorant de nouvelles compétences et passions, nous élargissons également notre vision du monde. Nous nous ouvrons à de nouvelles perspectives, à de nouvelles idées et à de nouvelles façons de penser. Cela nous permet de sortir de notre zone de confort et de vivre une vie plus riche et plus épanouissante.

Il est important de garder à l'esprit que l'exploration de nouvelles compétences et passions ne doit pas être motivée par la performance ou les attentes des autres. Il s'agit d'un voyage personnel, où nous nous concentrons sur notre propre croissance et notre propre bonheur. Que ce soit l'apprentissage d'un instrument de musique, la pratique d'un sport, l'écriture, la peinture ou toute autre activité qui nous passionne, l'essentiel est de le faire avec authenticité et plaisir.

En explorant de nouvelles compétences et passions, nous découvrons également de nouvelles facettes de notre identité. Nous nous connectons avec notre essence profonde et nous nous permettons de nous exprimer pleinement. Cela peut être une source de confiance en soi, de satisfaction personnelle et de fierté.

Alors, n'hésitons pas à sortir des sentiers battus, à essayer de nouvelles choses et à explorer nos passions. Laissons-nous guider par notre curiosité, notre intuition et notre désir de croissance. Le voyage d'exploration des compétences et des passions peut être un véritable voyage vers l'épanouissement et la réalisation de soi.

L'écriture et l'apprentissage constant ont joué un rôle essentiel dans ma vie, et leur découverte a été un véritable tournant.

Permettez-moi de partager avec vous une anecdote personnelle qui illustre cette passion grandissante.

Il y a quelques années, je me suis retrouvé à un carrefour dans ma vie. Je cherchais quelque chose qui me permettrait de m'exprimer et de me connecter avec les autres d'une manière significative. C'est à ce moment-là que j'ai décidé de me lancer dans l'écriture.

Au départ, je n'avais aucune idée de la direction que cela prendrait. Je me suis simplement assis devant mon ordinateur et j'ai commencé à écrire. Les premières lignes étaient hésitantes, mais à mesure que mes doigts dansaient sur le clavier, j'ai senti quelque chose de spécial se produire. L'écriture est devenue un moyen pour moi d'explorer mes pensées, mes émotions et mes idées les plus profondes.

À mesure que j'approfondissais mon engagement envers l'écriture, j'ai commencé à réaliser à quel point cela nourrissait mon esprit et mon âme. Chaque mot que j'ai posé sur la page était une invitation à l'introspection, à la réflexion et à la découverte. J'ai trouvé une nouvelle façon de m'exprimer et de partager mes pensées avec le monde.

Mais ce n'était pas seulement l'acte d'écrire qui m'inspirait, c'était aussi le processus d'apprentissage constant qui l'accompagnait. Je me suis immergé dans la lecture de livres sur l'écriture, j'ai suivi des cours en ligne et j'ai rejoint des communautés d'écrivains. Chaque nouvelle connaissance acquise m'a permis de grandir en tant qu'écrivain et de développer mon propre style.

Un tournant décisif dans mon voyage d'écriture a été la découverte de l'importance de l'apprentissage continu. J'ai réalisé que l'écriture est une discipline qui nécessite une pratique régulière et un engagement constant envers l'amélioration. J'ai compris que chaque mot écrit était une occasion d'apprendre et de grandir, et que chaque lecture était une source d'inspiration et d'enseignement.

Au fil du temps, j'ai commencé à partager mes écrits avec les autres. J'ai créé un blog où je partageais mes réflexions, mes histoires et mes conseils. Je me suis connecté avec une communauté d'écrivains et de lecteurs qui m'ont encouragé et soutenu dans mon cheminement. Chaque retour positif ou commentaire constructif était une source de motivation pour continuer à avancer.

Aujourd'hui, l'écriture est devenue bien plus qu'une passion pour moi. C'est un moyen d'exploration personnelle, de communication et de connexion avec les autres. C'est une source de joie, de croissance et d'épanouissement.

Cette expérience m'a également enseigné l'importance de l'apprentissage constant dans tous les domaines de ma vie. J'ai réalisé que nous avons tous la capacité d'apprendre et de nous développer, peu importe notre

âge ou notre parcours. L'apprentissage est une porte ouverte vers de nouvelles opportunités, de nouvelles passions et de nouvelles perspectives.

Que ce soit à travers l'écriture, la lecture, l'apprentissage d'une nouvelle compétence ou l'exploration de domaines inconnus, l'apprentissage constant nous permet de rester curieux, de nous épanouir et de nous élever vers de nouveaux sommets.

Je suis reconnaissant d'avoir découvert ma passion pour l'écriture et l'apprentissage constant. Cela a enrichi ma vie d'une manière que je n'aurais jamais pu imaginer. Je vous encourage à suivre votre propre chemin d'exploration et d'apprentissage, et à découvrir les merveilles qui vous attendent lorsque vous vous ouvrez à de nouvelles passions et à un développement continu.

Chapitre 9 : La simplicité et le minimalisme : Trouver la liberté dans le pure

- **Comprendre les principes de la simplicité et du minimalisme**

La simplicité et le minimalisme. Deux mots qui résonnent en moi depuis quelques années maintenant, et qui ont apporté une profonde transformation dans ma vie. Je me souviens encore du moment où j'ai découvert ces concepts et de l'impact qu'ils ont eu sur ma façon de penser et de vivre.

La société moderne nous pousse constamment à accumuler des biens matériels, à rechercher la nouveauté et à chercher le bonheur dans la consommation. Pourtant, je me suis rendu compte que cette quête sans fin d'objets et d'expériences n'apportait pas le bonheur durable auquel j'aspirais.

C'est à ce moment-là que j'ai commencé à explorer les principes de la simplicité et du minimalisme. J'ai réalisé que la vraie richesse ne se mesurait pas en possessions matérielles, mais en liberté, en clarté d'esprit et en harmonie avec ce qui est essentiel.

Le minimalisme, pour moi, est une approche de la vie qui consiste à se débarrasser du superflu pour se concentrer sur l'essentiel. Cela ne signifie pas vivre dans une extrême frugalité, mais plutôt faire des choix conscients et intentionnels pour se libérer des charges inutiles qui encombrent notre espace physique, mental et émotionnel.

En simplifiant ma vie, j'ai constaté que j'avais plus de temps, d'énergie et de ressources à consacrer aux choses qui me tiennent vraiment à cœur. J'ai commencé à me détacher de l'attachement aux biens matériels et à trouver la joie dans les expériences et les relations plutôt que dans la possession de choses.

Une anecdote qui me vient à l'esprit est lorsque j'ai entrepris de désencombrer ma maison. J'ai été surpris de la quantité de choses que j'avais accumulées au fil des années, des objets qui étaient devenus invisibles dans ma vie quotidienne. En les triant et en les donnant, j'ai ressenti un sentiment de légèreté et de libération. Chaque objet qui quittait ma maison était comme un fardeau en moins sur mes épaules.

Le minimalisme a également influencé ma façon de consommer. Avant, j'étais attiré par les dernières tendances et je pensais que posséder plus de choses me rendrait plus heureux. Mais en adoptant une approche plus réfléchie et consciente de mes achats, j'ai réalisé que la qualité était préférable à la quantité, et que le bonheur durable ne se trouvait pas dans les achats impulsifs, mais dans la satisfaction de ce qui est véritablement nécessaire et apprécié.

La simplicité et le minimalisme m'ont appris à cultiver l'espace intérieur nécessaire pour la croissance personnelle, la créativité et la tranquillité d'esprit. J'ai découvert qu'en me libérant du poids du matériel et de l'encombrement mental, j'étais plus ouvert à de nouvelles expériences, à de nouvelles idées et à une profonde connexion avec moi-même et les autres.

Dans la poursuite de la simplicité et du minimalisme, je continue d'apprendre et d'expérimenter. Chaque jour, je cherche des moyens de simplifier ma vie, de me concentrer sur ce qui est vraiment important et d'éliminer les distractions inutiles.

Je vous invite donc, cher lecteur, à explorer ces principes de la simplicité et du minimalisme dans votre propre vie. Posez-vous les questions suivantes : Qu'est-ce qui est vraiment essentiel pour vous ? Qu'est-ce qui vous encombre et vous retient ? Et quels sont les petits pas que vous pouvez faire dès maintenant pour simplifier et alléger votre vie ?

La simplicité et le minimalisme ne sont pas des chemins tracés, mais des voyages personnels et uniques. Laissez-vous guider par votre propre intuition et écoutez ce que votre cœur et votre âme réclament. La beauté de ces principes réside dans la liberté qu'ils offrent et dans la possibilité de créer une vie épanouissante, alignée sur vos valeurs les plus profondes.

Que ce chapitre vous inspire à embrasser la simplicité, à libérer l'espace nécessaire pour une vie plus équilibrée et à trouver la richesse dans la clarté et la légèreté.

- **Les bénéfices d'une vie simple et épurée**

Une fois que nous avons désencombré notre vie, un monde de possibilités s'ouvre à nous. Dans cette partie, nous explorerons les nombreux bénéfices d'une vie simple et épurée.

1. La clarté d'esprit : En réduisant les distractions et en éliminant le superflu, nous permettons à notre esprit de se concentrer sur l'essentiel. Nous gagnons en clarté mentale, ce qui nous aide à prendre des décisions plus éclairées, à être plus créatifs et à mieux gérer le stress.

2. La liberté : Lorsque nous nous libérons du poids des possessions matérielles et des obligations inutiles, nous nous offrons une plus grande liberté. Nous avons plus de temps, d'énergie et de ressources pour nous consacrer à ce qui compte vraiment pour nous, que ce soit nos passions, nos relations ou nos projets personnels.

3. La tranquillité d'esprit : Une vie simple et épurée nous procure une tranquillité d'esprit précieuse. Nous nous débarrassons du sentiment d'urgence constant, du désordre mental et de l'anxiété qui accompagnent souvent une vie surchargée. Nous apprécions davantage les moments présents et nous trouvons une paix intérieure durable.

4. La connexion profonde : En éliminant les distractions et en simplifiant nos relations, nous créons de l'espace pour des connexions plus profondes avec les autres. Nous pouvons consacrer plus de temps et d'attention à nos proches, renforcer nos liens et cultiver des relations authentiques et significatives.

5. L'alignement avec nos valeurs : Une vie simple et épurée nous permet de vivre en accord avec nos valeurs les plus profondes. Nous pouvons concentrer nos efforts sur ce qui est vraiment important pour nous, et nous éloigner des influences

extérieures et des attentes sociales qui ne correspondent pas à notre véritable essence.

En embrassant une vie simple et épurée, nous découvrons que la véritable abondance réside dans la simplicité. Nous gagnons en clarté, en liberté, en tranquillité d'esprit et en connexion profonde. Nous vivons en harmonie avec nos valeurs et nous nous épanouissons dans notre authenticité.

Chapitre 10 : L'épanouissement à travers le service aux autres

Il existe un pouvoir incroyable dans le fait de se consacrer au service des autres. Dans ce chapitre, nous explorerons l'épanouissement personnel qui découle de cette noble entreprise.

Lorsque nous nous tournons vers les autres avec bienveillance et générosité, nous découvrons une dimension plus profonde de notre être. Nous reconnaissons que notre bonheur et notre épanouissement ne sont pas seulement liés à nos réalisations individuelles, mais aussi à notre capacité à apporter une contribution significative à la vie des autres.

Partie 1 : La joie du service

Dans cette première partie, nous plongerons dans la joie profonde et authentique que l'on ressent lorsque l'on se met au service des autres. Je partagerai des expériences personnelles où j'ai pu constater l'impact positif de mes actions sur la vie des autres, ainsi que sur mon propre bien-être. Nous explorerons également la notion de service désintéressé et comment il peut enrichir notre vie de manière inattendue.

Partie 2 : Trouver notre vocation altruiste

Chacun de nous a des talents, des compétences et des passions uniques qui peuvent être utilisés pour aider les autres. Dans cette partie, nous réfléchirons à la manière dont nous pouvons trouver notre vocation altruiste, cette cause ou cette activité qui résonne profondément en nous et qui nous pousse à agir. Je partagerai des exemples inspirants de personnes qui ont trouvé leur vocation altruiste et comment cela a transformé leur vie.

Partie 3 : Les bienfaits personnels du service

Le service aux autres ne profite pas seulement à ceux que nous aidons, il a également des effets positifs sur notre bien-être personnel. Nous explorerons les bienfaits tels que l'accroissement de l'estime de soi, la réduction du stress, le renforcement des relations et la découverte d'un sens plus profond dans notre existence. Je partagerai des anecdotes qui illustrent ces bienfaits et donnerai des conseils pratiques pour intégrer le service altruiste dans notre quotidien.

En embrassant le service aux autres, nous nous ouvrons à un monde de possibilités pour notre propre épanouissement. Nous trouvons un sens plus profond dans notre vie, nous expérimentons la joie authentique de faire une différence et nous nous connectons à notre véritable nature altruiste.

- **Trouver des moyens concrets de servir les autres**

Je crois profondément que le service aux autres est une voie puissante vers l'épanouissement personnel. Lorsque nous nous tournons vers les besoins des autres, nous découvrons une force intérieure qui nous pousse à agir de manière altruiste. Dans cette partie, je veux vous partager comment j'ai trouvé des moyens concrets de servir les autres et comment cela a enrichi ma vie de façon inimaginable.

Tout a commencé lorsque j'ai ressenti le besoin de donner davantage de sens à ma vie. J'ai réalisé que je ne voulais pas simplement poursuivre mes propres aspirations et succès, mais aussi contribuer positivement à la société qui m'entourait. J'ai commencé par réfléchir à mes compétences, à mes passions et à ce qui me passionnait profondément. J'ai réalisé que j'avais la capacité d'utiliser mes talents et mes ressources pour apporter du changement et aider ceux qui en avaient le plus besoin.

Une des façons dont j'ai trouvé pour servir les autres a été de m'impliquer dans des organisations caritatives locales. J'ai consacré une partie de mon temps à soutenir des causes qui me touchaient particulièrement, que ce soit en offrant mon aide bénévole ou en organisant des collectes de fonds. Ces expériences m'ont permis de me connecter avec des personnes extraordinaires, de voir l'impact concret de nos actions et de ressentir une joie profonde en sachant que je contribuais à faire une différence dans la vie des autres.

Mais servir les autres ne se limite pas seulement aux actions caritatives formelles. J'ai également découvert que de simples gestes de gentillesse et d'attention peuvent avoir un impact significatif sur les gens autour de moi. Que ce soit en tendant la main à un ami dans le besoin, en écoutant attentivement quelqu'un qui traverse une période difficile ou en offrant un soutien moral à un collègue, j'ai réalisé que chaque interaction quotidienne peut être une occasion de servir et d'apporter du réconfort.

Cependant, il est important de souligner que le service aux autres ne doit pas être motivé par la recherche de reconnaissance ou de gratification personnelle. Au contraire, il s'agit d'une démarche profondément altruiste, une volonté de mettre les besoins des autres avant les nôtres et de contribuer à un bien plus grand que nous-mêmes. En servant les autres, nous nous connectons à notre humanité commune et nous renforçons les liens qui nous unissent en tant que société.

Trouver des moyens concrets de servir les autres peut être un voyage personnel et unique pour chacun de nous. Cela peut impliquer de s'engager dans des causes qui nous passionnent, de consacrer du temps à des projets communautaires, ou simplement d'être attentif et disponible pour les personnes qui nous entourent. Quelle que soit la forme que cela prend pour vous, je vous encourage à embrasser cette dimension du service et à découvrir les joies et les bénéfices profonds qu'elle apporte.

En conclusion, trouver des moyens concrets de servir les autres est une invitation à cultiver la bienveillance, la générosité et l'empathie dans nos vies. En donnant aux autres

En conclusion, je voudrais partager avec vous quelques conseils pratiques, des encouragements et des idées d'expérimentations pour embrasser le pouvoir de nos pensées et de notre amélioration personnelle :

1. Prenez conscience de vos pensées : Soyez attentif à vos pensées et à l'impact qu'elles ont sur vos émotions et vos actions. Prenez le temps de les observer et de les évaluer, et choisissez consciemment de nourrir des pensées positives et constructives.

2. Cultivez la gratitude : Prenez l'habitude de pratiquer la gratitude au quotidien. Remerciez pour les petites choses qui vous entourent et qui apportent de la joie dans votre vie. Cela vous aidera à développer une attitude positive et à apprécier les merveilles de chaque jour.

3. Explorez vos pensées limitantes : Identifiez les croyances qui vous limitent et examinez-les de près. Posez-vous des questions sur leur validité et leur impact sur votre vie. En les remettant en question, vous ouvrez la porte à de nouvelles possibilités et à une croissance personnelle.

4. Trouvez des sources d'inspiration : Cherchez des sources d'inspiration qui vous nourrissent et vous motivent. Que ce soit à travers des rencontres inspirantes, des livres, des podcasts ou des vidéos, entourez-vous de contenu qui stimule votre esprit et vous pousse à vous améliorer.

5. Pratiquez l'introspection : Prenez le temps de vous connaître vous-même en profondeur. Posez-vous des questions sur vos valeurs, vos passions, vos forces et vos faiblesses. L'introspection vous aidera à développer une meilleure compréhension de vous-même et à aligner vos actions avec ce qui est vraiment important pour vous.

6. Expérimentez de nouvelles activités : Sortez de votre zone de confort et essayez de nouvelles activités qui suscitent votre curiosité. Que ce soit apprendre une nouvelle langue, jouer d'un instrument de musique, pratiquer un sport ou vous impliquer dans une cause qui vous tient à cœur, l'expérimentation vous ouvrira de nouvelles perspectives et vous permettra de vous épanouir.

7. Prenez soin de vous : Accordez une attention particulière à votre bien-être physique, mental et spirituel. Prenez le temps de vous reposer, de vous nourrir sainement, de faire de l'exercice régulièrement et de pratiquer des activités qui vous apaisent. Prenez soin de votre esprit en méditant, en pratiquant la pleine conscience et en prenant du temps pour vous ressourcer.

8. Fixez des objectifs inspirants : Définissez des objectifs qui vous inspirent et qui sont en alignement avec vos valeurs et vos aspirations. Élaborez un plan d'action concret pour les atteindre et suivez vos progrès régulièrement. Célébrez chaque étape accomplie et ajustez votre parcours si nécessaire.

9. Entourez-vous de relations positives : Choisissez des relations qui vous soutiennent, vous inspirent et vous encouragent à vous épanouir. Éloignez-vous des personnes toxiques ou négatives qui drainent votre énergie. Cultivez des liens authentiques et nourrissants qui vous aident à grandir et à vous sentir soutenu

10. Soyez bienveillant envers vous-même : Accordez-vous de la compassion et de la bienveillance. Acceptez vos imperfections et vos erreurs comme des opportunités d'apprentissage. Cultivez une relation aimante avec vous-même et traitez-vous avec le même soin et la même gentillesse que vous le feriez pour un être cher.

Rappelez-vous que ce parcours de développement personnel est unique pour chacun de nous.

Soyez ouvert aux expériences, aux leçons et aux découvertes que vous rencontrerez en chemin. Prenez le temps de réfléchir, de grandir et de vous améliorer chaque jour

Je vous encourage à embrasser pleinement le pouvoir de vos pensées et de votre amélioration personnelle.

Vous êtes capable de créer une vie épanouissante et significative.

Alors, lancez-vous avec confiance dans cette belle aventure de croissance personnelle et laissez vos pensées vous guider vers un avenir lumineux.

Annexe 1
La gestion du stress et des émotions

La gestion du stress et des émotions est essentielle pour maintenir un équilibre émotionnel, prévenir l'épuisement et favoriser le bien-être global. Voici quelques stratégies efficaces pour gérer le stress et les émotions de manière saine :

1. Reconnaître et accepter les émotions : La première étape consiste à reconnaître et à accepter vos émotions. Il est normal d'éprouver toute une gamme d'émotions, et il est important de les reconnaître sans jugement. Prenez le temps de vous connecter à vos émotions, identifiez-les et acceptez-les comme faisant partie intégrante de votre expérience humaine.

2. Pratiquer la pleine conscience : La pleine conscience, comme mentionné précédemment, est un outil puissant pour gérer le stress et les émotions. En étant pleinement présent dans le moment présent, vous pouvez observer vos pensées et vos émotions sans vous y attacher. La pratique régulière de la pleine conscience aide à cultiver une plus grande clarté mentale et une meilleure régulation émotionnelle.

3. Utiliser des techniques de relaxation : Des techniques de relaxation telles que la respiration profonde, la méditation, le yoga ou la visualisation peuvent aider à réduire le stress et à calmer le système nerveux. Prenez quelques minutes chaque jour pour vous engager dans une pratique de relaxation qui vous convient et vous apporte du réconfort.

4. Adopter un mode de vie équilibré : Prendre soin de votre bien-être physique est également essentiel pour gérer le stress et les émotions. Assurez-vous de bien dormir, de manger équilibré, de faire de l'exercice régulièrement et de prendre des pauses régulières pour vous détendre et vous ressourcer. Un mode de vie sain renforce votre résilience face au stress.

5. Exprimer vos émotions de manière constructive : Trouvez des moyens sains d'exprimer vos émotions, que ce soit par l'écriture, la conversation avec un ami de confiance, l'art ou toute autre activité créative. Laissez-vous exprimer librement sans jugement et explorez des moyens d'extérioriser vos émotions de manière constructive.

6. Établir des limites saines : Apprenez à dire non lorsque vous vous sentez dépassé ou submergé. Établissez des limites claires dans votre vie quotidienne pour préserver votre énergie et votre bien-être émotionnel. Cela peut impliquer de déléguer des tâches, de refuser des engagements excessifs ou de prendre du temps pour vous-même.

7. Chercher du soutien : N'hésitez pas à rechercher du soutien si vous vous sentez dépassé par le stress ou les émotions. Que ce soit auprès de professionnels de la santé mentale, de groupes de soutien ou de personnes de confiance dans votre vie, partager vos préoccupations peut vous aider à obtenir le soutien dont vous avez besoin.

La gestion du stress et des émotions est un processus individuel qui demande de l'engagement et de la pratique régulière. Soyez patient avec vous-même et adoptez des stratégies qui vous conviennent le mieux. En développant des compétences efficaces de

 gestion du stress et des émotions, vous pouvez améliorer votre qualité de vie, votre bien-être et votre résilience face aux défis quotidiens.

Annexe 2
Les croyances limitantes et leur impact sur votre réalité

Les croyances limitantes sont des convictions profondément enracinées dans notre psyché qui restreignent notre perception de la réalité et limitent notre potentiel. Elles sont souvent formées à partir d'expériences passées, d'influences sociales et culturelles, de peurs et d'interprétations erronées. Ces croyances peuvent avoir un impact significatif sur notre vie quotidienne, nos choix, nos comportements et nos résultats.

L'impact des croyances limitantes sur la réalité est souvent négatif et auto-limitant. Elles créent des barrières psychologiques qui nous empêchent d'explorer de nouvelles opportunités, de prendre des risques et d'atteindre nos objectifs. Par exemple, si nous croyons profondément que nous ne sommes pas suffisamment talentueux pour réussir dans un domaine particulier, nous risquons de nous auto-saboter et de ne pas faire les efforts nécessaires pour développer nos compétences dans ce domaine.

Les croyances limitantes peuvent également affecter notre estime de soi et notre confiance en nous. Si nous croyons que nous ne sommes pas dignes d'amour, de succès ou de bonheur, cela peut entraîner des comportements d'auto-sabotage et de procrastination, nous empêchant ainsi de réaliser notre plein potentiel.

En outre, les croyances limitantes peuvent créer un filtre de perception qui distorsionne notre vision de la réalité. Elles nous amènent à rechercher des preuves qui confirment nos croyances préexistantes, tout en ignorant ou en rejetant les informations qui contredisent ces croyances. Par conséquent, nous nous enfermons dans une réalité limitée et réductrice qui renforce nos croyances limitantes.

Il est important de reconnaître et de remettre en question nos croyances limitantes afin de libérer notre potentiel et de créer une réalité plus épanouissante. Cela nécessite une prise de conscience de nos pensées et de nos schémas de pensée, ainsi qu'une volonté de les examiner de manière objective.

En remplaçant les croyances limitantes par des croyances plus positives et constructives, nous pouvons changer notre perception de nous-mêmes et du monde qui nous entoure. Cela ouvre la porte à de nouvelles possibilités, à une plus grande confiance en soi et à une meilleure capacité à surmonter les défis.

Dans le livre, vous découvrirez des techniques et des exercices pour identifier et remettre en question vos croyances limitantes. Vous apprendrez à les transformer en croyances qui vous soutiennent dans l'atteinte de vos objectifs et dans l'expansion de votre réalité. En faisant cela, vous pourrez libérer votre potentiel et créer une réalité plus alignée avec vos aspirations les plus profondes.

La magie de l'authenticité

Chaque personne est unique et porte en elle une essence singulière qui mérite d'être célébrée. Pendant longtemps, j'ai cherché à me conformer aux attentes des autres, à porter des masques pour correspondre à ce que je pensais être le "bon" ou le "normal". Mais au fil du temps, j'ai compris que ma véritable puissance réside dans ma capacité à être authentique, à embrasser pleinement qui je suis.

L'authenticité est un voyage intérieur, un processus de découverte de notre véritable nature et de libération des contraintes qui nous retiennent. Cela demande du courage et de la vulnérabilité pour se montrer tel que nous sommes, sans artifice ni façade. Mais c'est dans cette vulnérabilité que réside la magie.

Lorsque j'ai commencé à embrasser mon authenticité, j'ai ressenti un profond sentiment de liberté. J'ai découvert que je n'avais plus besoin de me cacher derrière des masques ou de jouer un rôle pour être accepté. J'ai compris que ma valeur réside dans ma vérité, dans ma capacité à être moi-même sans compromis.

Être authentique m'a permis de me connecter plus profondément avec les autres. En me montrant tel que je suis, j'ai créé des liens authentiques et significatifs avec les personnes qui partagent mes valeurs et ma vision. J'ai également inspiré les autres à embrasser leur propre authenticité, à se libérer des attentes de la société et à vivre leur vérité.

Bien sûr, le chemin vers l'authenticité n'est pas toujours facile. Il y a eu des moments où j'ai douté de moi-même, où j'ai craint d'être jugé ou rejeté. Mais j'ai réalisé que ce qui importe vraiment, ce n'est pas l'approbation des autres, mais l'amour et l'acceptation que je me porte à moi-même.

Être authentique ne signifie pas être parfait. Cela signifie simplement être fidèle à qui nous sommes, avec toutes nos imperfections et nos vulnérabilités. C'est un acte de courage et de confiance en soi, un chemin vers la liberté intérieure et l'épanouissement personnel.

Alors, je vous invite à vous connecter à votre authenticité, à oser être vous-même sans réserve. Ne laissez pas la peur du jugement ou de la critique vous retenir. Vous êtes unique et précieux, et votre authenticité est un cadeau que vous pouvez offrir au monde.

Que ce soit dans vos relations, votre travail, vos passions ou votre expression créative, laissez votre authenticité briller. Soyez vrai, soyez vous-même, et vous découvrirez la magie qui se déploie lorsque vous vivez en accord avec votre véritable nature.

La foi en un pouvoir supérieur

Il y a des moments dans la vie où nous nous retrouvons face à des défis et des situations qui semblent insurmontables. C'est dans ces moments-là que la foi en quelque chose de supérieur peut nous apporter un soutien inestimable.

La foi peut prendre différentes formes et être nourrie par différentes croyances. Pour certains, c'est une foi en Dieu, en une puissance divine qui guide nos pas et nous offre une source infinie de réconfort et de sagesse. Pour d'autres, c'est une foi en l'univers, en une force cosmique qui agit en harmonie avec nos aspirations et nos intentions.

Personnellement, j'ai découvert la puissance de la foi dans ma vie à travers mes propres expériences et réflexions profondes. Il y a eu des moments où je me suis senti perdu, où je ne savais pas quelle direction prendre, mais en me connectant à cette croyance en quelque chose de plus grand que moi, j'ai ressenti une profonde tranquillité intérieure.

La foi m'a permis de lâcher prise sur le besoin de tout contrôler et de tout comprendre. Elle m'a offert la certitude que même dans les moments difficiles, il y a une sagesse et une guidance qui veillent sur nous. Cela ne signifie pas que tous nos problèmes seront résolus magiquement, mais plutôt que nous sommes soutenus et que nous avons la force intérieure pour les affronter.

Lorsque nous avons foi en quelque chose de supérieur, cela nous ouvre à la possibilité de miracles et de synchronicités. Nous sommes plus ouverts aux signes et aux messages de l'univers, et nous nous sentons guidés dans nos choix et nos décisions. La foi nous donne la confiance nécessaire pour suivre notre intuition et prendre des risques en sachant que tout se déroule comme il se doit.

La foi en quelque chose de supérieur nous rappelle également l'importance de la gratitude et de la confiance. Nous réalisons que même dans les moments les plus sombres, il y a toujours des raisons de rendre grâce et de croire en un avenir meilleur. Cela nous aide à rester optimistes et à persévérer, même lorsque les circonstances semblent défavorables.

Quelle que soit la forme que prend votre foi, je vous encourage à l'honorer et à la cultiver dans votre vie. Prenez le temps de vous connecter à cette croyance en quelque chose de plus grand, de vous ouvrir à la guidance et à la sagesse qui en découlent. La foi peut être une source de réconfort, de force et de résilience lorsque nous en avons le plus besoin.

Que votre foi vous guide et vous inspire à vivre une vie remplie de sens et d'épanouissement. Sachez que vous n'êtes pas seul dans ce voyage, et que la puissance de la foi peut vous accompagner sur le chemin de la transformation et de la réalisation de votre plein potentiel.

L'expression artistique : Libérer l'âme créative

Dans ce chapitre, je souhaite explorer l'importance de pratiquer une certaine forme d'expression artistique dans nos vies. Que ce soit à travers la peinture, l'écriture, la danse, la musique ou toute autre forme d'art, l'acte de créer nous permet de nous connecter à notre âme créative et d'exprimer ce qui résonne en nous le plus profondément.

Pour moi, l'écriture a toujours été une forme d'expression artistique qui m'a permis de donner vie à mes pensées, mes émotions et mes expériences. C'est à travers les mots que je trouve ma voix, que je partage mes histoires et que je communique avec les autres. L'écriture est devenue une véritable libération pour mon âme, un moyen de me connecter à quelque chose de plus grand que moi.

Mais l'expression artistique ne se limite pas à l'écriture. Chacun de nous possède une forme unique de créativité qui demande à être explorée et nourrie. Que vous aimiez peindre, danser, chanter, jouer d'un instrument ou créer des objets de toutes sortes, il est essentiel de trouver du temps pour pratiquer cette forme d'expression qui vous fait vibrer.

L'expression artistique nous permet de nous connecter à notre essence la plus profonde, à nos émotions les plus intenses et à notre imagination débordante. C'est un moyen de nous exprimer librement, sans jugement ni contrainte. C'est une invitation à explorer les recoins les plus intimes de notre être et à laisser notre créativité s'épanouir.

Pratiquer une forme d'expression artistique régulièrement nous permet de nous reconnecter à notre source de joie et de passion. Cela nous aide à libérer les tensions et les blocages émotionnels, à nous exprimer authentiquement et à trouver un équilibre dans notre vie. L'expression artistique est une porte ouverte vers la guérison, la transformation et la découverte de soi.

Même si vous pensez ne pas avoir de talent artistique, je vous encourage à laisser aller votre auto-jugement et à explorer différentes formes d'expression créative. L'art ne se limite pas à la perfection ou à la reconnaissance extérieure, mais plutôt à la liberté d'exprimer qui nous sommes véritablement.

Trouvez un moyen d'incorporer une pratique artistique dans votre vie quotidienne. Que ce soit quelques minutes par jour ou des moments dédiés chaque semaine, créez un espace sacré où vous pouvez laisser libre cours à votre imagination et à votre créativité. Ne vous inquiétez pas du résultat final, mais plongez simplement dans l'acte de création et laissez-vous guider par votre intuition.

L'expression artistique est un cadeau que nous nous offrons à nous-mêmes. C'est une invitation à nous connecter à notre essence la plus pure et à vivre pleinement notre vie. Alors, osez vous exprimer, osez créer et découvrez la magie qui se cache au plus profond de vous-même.

Grandir en aidant les autres à grandir

Dans ce parti, je souhaite partager avec vous l'importance de grandir en aidant les autres à grandir. Notre parcours personnel de développement ne se limite pas à notre propre croissance, mais s'étend également à notre capacité à soutenir et à inspirer les autres dans leur propre cheminement.

Il est souvent dit que la plus grande satisfaction réside dans le fait d'aider les autres à atteindre leur plein potentiel. Cela implique d'être un soutien bienveillant, un guide, un mentor et un inspirateur pour ceux qui cherchent à se développer et à s'épanouir. Lorsque nous nous engageons à être là pour les autres, nous créons un environnement d'échange mutuel où chacun peut grandir et s'élever.

J'ai découvert le pouvoir de cette approche en travaillant avec des personnes qui étaient à la recherche d'un sens plus profond dans leur vie, qui cherchaient des réponses et qui voulaient créer un changement significatif. En leur apportant mon soutien, mes connaissances et mon expérience, j'ai pu constater à quel point cela avait un impact positif sur leur parcours. Mais en retour, j'ai également été enrichi et transformé par leurs propres histoires et leur détermination à surmonter les défis.

Il ne s'agit pas seulement d'offrir des conseils ou des solutions toutes faites, mais plutôt de créer un espace d'écoute empathique, de partage d'expériences et de soutien mutuel. Lorsque nous nous engageons à aider les autres à grandir, nous apprenons également beaucoup sur nous-mêmes. Nous découvrons de nouvelles perspectives, renforçons notre compassion et développons notre capacité à créer un impact positif.

Il peut être aussi simple que d'offrir une oreille attentive à un ami qui a besoin de parler, de partager nos connaissances et nos compétences avec quelqu'un qui en a besoin, ou de soutenir une cause qui nous tient à cœur. Chaque geste, aussi petit soit-il, peut contribuer à l'épanouissement des autres et nous permettre de grandir ensemble.

Lorsque nous nous engageons à aider les autres à grandir, nous cultivons également une communauté de soutien et de collaboration. Nous réalisons que nous sommes tous connectés et que notre propre développement est lié à celui des autres. Ensemble, nous formons une toile d'interdépendance où chacun peut contribuer à l'évolution de tous.

Alors, je vous encourage à chercher des opportunités d'aider les autres à grandir, que ce soit dans votre cercle personnel, professionnel ou communautaire. Soyez un guide, un inspirateur et un catalyseur du changement. Chaque geste d'amour et de soutien compte, et vous constaterez que vous grandissez et vous épanouissez encore plus en participant à l'épanouissement des autres.

En grandissant ensemble, nous créons un monde plus fort, plus bienveillant et plus inspirant. C'est une aventure merveilleuse et gratifiante, et je suis reconnaissant d'avoir la chance de la partager avec vous.

Tous dotés d'un potentiel extraordinaire

En effet, il est essentiel de rappeler que la vie vaut d'être vécue pleinement. Nous sommes tous dotés d'un potentiel extraordinaire, et il ne tient qu'à nous de le découvrir et de l'exploiter. Cela nécessite parfois de sortir de notre zone de confort, de braver nos peurs et d'explorer des territoires inconnus.

Lorsque nous choisissons de nous aventurer en dehors des sentiers battus, nous nous ouvrons à de nouvelles expériences, à de nouvelles rencontres et à de nouvelles possibilités. C'est dans ces moments de dépassement de soi que nous réalisons que nous sommes véritablement illimités.

Il est normal de ressentir une certaine appréhension face à l'inconnu, mais c'est précisément en faisant face à ces peurs que nous découvrons notre véritable force et notre capacité à surmonter les obstacles. Chaque fois que nous osons sortir de notre zone de confort, nous nous développons, nous apprenons et nous grandissons.

N'hésitez pas à explorer de nouveaux horizons, à vous lancer dans des projets qui vous passionnent, même s'ils semblent audacieux ou impossibles. Vous pourriez vous surprendre en réalisant des choses que vous n'auriez jamais cru possibles auparavant.

Rappelez-vous que nous ne sommes pas limités par nos circonstances ou par les attentes des autres. Nous sommes les créateurs de notre propre réalité, et nous avons le pouvoir de tracer notre propre chemin.

Ne laissez pas la peur ou le doute vous retenir. Osez rêver grand, osez vous dépasser, et vous découvrirez l'étendue infinie de votre potentiel.

La vie est un voyage extraordinaire, rempli d'opportunités et de découvertes. Embrassez chaque instant avec gratitude et curiosité. Ne laissez pas les barrières de votre esprit vous limiter. Soyez courageux, soyez audacieux et sachez que vous êtes capable de réaliser des choses extraordinaires.

N'oubliez jamais que vous êtes illimité. Alors, allez de l'avant avec confiance, explorez les horizons infinis de votre potentiel et découvrez les merveilles qui vous attendent au-delà de votre zone de confort.

La vie est un cadeau précieux, et chaque pas en dehors de votre zone de confort est un pas vers la réalisation de votre véritable grandeur.

Il y a quelques années, lorsque j'ai commencé mon voyage vers la transformation personnelle, je n'aurais jamais imaginé où cela me mènerait. Aujourd'hui, je vis de ma passion, une passion qui est devenue ma raison d'être : l'écriture, le coaching et les conférences. Chaque jour, je me lève avec gratitude, sachant que j'ai trouvé ma voie et que je peux apporter une lueur d'espoir à ceux qui luttent et font face à des défis.

Ce n'était pas toujours facile. J'ai traversé des périodes sombres, des moments où j'ai douté de moi-même et où j'ai pensé abandonner. Mais c'est précisément dans ces moments-là que j'ai puisé ma force. J'ai puisé ma force dans chaque épreuve que j'ai surmontée, dans chaque obstacle que j'ai franchi, dans chaque défi que j'ai relevé.

Chaque jour, je me réveille avec la conviction profonde que chacun de nous a le pouvoir de transformer sa vie. Chacun de nous peut surmonter les difficultés et les obstacles, peu importe leur ampleur. Je veux que mon message d'espoir parvienne à tous ceux qui luttent, qui doutent et qui cherchent un moyen de reprendre leur vie en main.

Je sais que ce n'est pas facile. Je sais que les chemins vers la résilience et le succès sont semés d'embûches. Mais je crois en vous. Je crois en votre force intérieure, en votre capacité à vous relever et à vous surpasser. Et je suis là pour vous accompagner, pour vous guider, pour vous encourager à embrasser votre potentiel illimité.

Chaque fois que je monte sur scène pour donner une conférence, chaque fois que je tiens un stylo pour écrire mes mots, je pense à vous. Je pense à toutes les personnes qui sont encore dans l'ombre, qui cherchent la lumière. Je veux que vous sachiez que je suis là pour vous, que je suis là pour vous rappeler que vous êtes plus fort que vous ne le pensez, que vous avez le pouvoir de transformer votre vie.

Mon vœu le plus cher est que mon message d'espoir parvienne à chaque personne qui en a besoin. Je veux être un phare dans l'obscurité, une source d'inspiration pour ceux qui cherchent à se relever et à se réinventer. Je suis ici pour vous dire que vous n'êtes pas seuls, que vous avez une force incroyable en vous, une force qui peut tout changer.

Alors, que vous fassiez face à des défis personnels, professionnels ou émotionnels, je vous invite à croire en vous, à embrasser votre potentiel et à transformer votre vie. Vous êtes capable de grandes choses, bien au-delà de ce que vous pouvez imaginer.

Avec amour, détermination et gratitude,

Mac Kauka

Voici quelques livres inspirants qui ont joué un rôle important dans mon propre développement personnel et qui pourraient également vous aider dans votre cheminement :

1. **"Le pouvoir du moment présent"** de Eckhart Tolle : Ce livre m'a ouvert les yeux sur l'importance de vivre pleinement le moment présent et de trouver la paix intérieure dans l'instant présent.

2. **"Les 7 habitudes de ceux qui réalisent tout ce qu'ils entreprennent"** de Stephen R. Covey : Ce livre offre des conseils pratiques pour développer des habitudes positives et atteindre ses objectifs en alignant ses actions avec ses valeurs.

3. **"L'art subtil de s'en foutre"** de Mark Manson : Ce livre aborde l'importance de choisir nos préoccupations et de donner du sens à notre vie en nous concentrant sur ce qui est vraiment important.

4. **"L'alchimiste"** de Paulo Coelho : Ce roman philosophique raconte l'histoire d'un voyage spirituel et de la poursuite de ses rêves. Il offre des leçons précieuses sur l'écoute de son cœur et la poursuite de sa légende personnelle.

5. **"Le pouvoir de l'intention"** de Wayne Dyer : Ce livre explore le pouvoir de nos intentions et la façon dont nous pouvons manifester nos désirs en alignant nos pensées, nos émotions et nos actions.

6. **"Le miracle de la pleine conscience"** de Thich Nhat Hanh : Ce livre présente la pratique de la pleine conscience comme un moyen de trouver la paix intérieure et d'établir des relations harmonieuses avec soi-même et avec les autres.

7. **"L'homme qui voulait être heureux"** de Laurent Gounelle : Ce roman nous emmène dans un voyage de découverte de soi et de recherche du bonheur authentique.

8. **"L'intelligence émotionnelle"** de Daniel Goleman : Ce livre explore le rôle crucial des compétences émotionnelles dans notre bien-être personnel et nos relations interpersonnelles.

9. **"Le pouvoir du subconscient"** de Joseph Murphy : Ce livre examine l'influence de notre subconscient sur nos pensées, nos comportements et notre réalité, et propose des techniques pour reprogrammer nos pensées et atteindre nos objectifs.

10. **"L'art de se réinventer"** de Nicole Bordeleau : Ce livre encourage à explorer sa véritable essence et à se réinventer à travers différentes étapes de la vie.

Ces livres ont tous été des compagnons inspirants dans mon parcours personnel. Chacun offre une perspective unique et des outils pratiques pour vous aider à approfondir votre développement personnel et à prendre des décisions éclairées dans votre vie.

N'hésitez pas à les explorer et à voir lesquels résonnent le plus avec vous. Souvenez-vous que chaque livre peut apporter une nouvelle compréhension et vous guider vers de nouvelles découvertes sur vous-même et sur le monde qui vous entoure.